청년이 알아야 할
사회교리
Q&A

여러분의 이웃은
하느님이십니다

청년이 알아야 할 사회교리 Q&A

2025년 9월 25일 교회 인가
2025년 12월 31일 초판 1쇄 펴냄

지은이 · 미헬 레메리
옮긴이 · 최정훈
펴낸이 · 정순택
펴낸곳 · 가톨릭출판사
편집 겸 인쇄인 · 김대영
편집 · 허유정, 박다솜, 박도연, 윤보현
디자인 · 이경숙, 정호진, 강해인, 우지수
마케팅 · 임찬양, 안효진, 황희진, 노가영, 이영실

본사 · 서울특별시 중구 중림로 27
등록 · 1958. 1. 16. 제2-314호
전자우편 · edit@catholicbook.kr
전화 · 1544-1886(대표 번호)
지로번호 · 3000997

ISBN 978-89-321-1982-3 03230

값 24,000원

이 책은 '정진석 추기경 선교후원회'의 지원을 받아 제작되었습니다.

YOUR NEIGHBOUR IS GOD

청년이 알아야 할 사회교리 Q&A

여러분의 이웃은 하느님이십니다

미헬 레메리 지음 | 최정훈 옮김

가톨릭출판사

차례

평화를 만드는 사람들 : 정의와 평화

하느님 나라의 일꾼 : 경제와 노동

하느님 나라와 인간의 나라 : 정치와 국가

생명과 구원의 방향성 : 기술과 신앙 공유

부록

추천사

“용기를 내어라. 내가 세상을 이겼다.”(요한 16,33)

“주님의 은총과 평화가 여러분 모두와 함께하시기를 기원합니다.”

오늘날 다양한 커뮤니케이션 수단의 등장으로 세계는 하나의 지구촌을 이루고 있습니다. 특히 SNS와 AI의 발달로 세계는 과거와 완전히 다른 방식으로 소통합니다. 우리 교회는 2027년 제41회 서울 세계청년대회를 준비하면서 이러한 세계적 흐름과 현상을 잘 이해하고 유익하게 사용해야 합니다.

레오 14세 교황님께서 추기경님들에게 하신 첫 연설은 인공 지능과 상상을 초월하는 과학 기술 발전이 인류에 미치는 결과를 담고 있습니다. 이는 인간의 존엄성과 정의에 새롭게 도전하는 인공 지능 발전에 대한 교회의 지혜로운 응답입니다. 이미 역대 교황님들께서도 현대 미디어에 대해 많은 의견과 우려를 표명하셨습니다. 인공 지능은 다른 과학 기술처럼 사람이 어떻게 사용하는지에 따라 인류의 유익이 되기도 하고 큰 해악이 되기도 합니다. 더 나아가 교황님들께서는 미디어 내용의 생산과 보급에 종사하는 이들은 무엇보다 인간의 존엄성과 가치를 존중해야 한다고 반복해서 말씀하셨습니다. 모든 미디어는 단순히 일방적인 정보 전달이 아니라 상호 간의 소통입니다. 실시간으로 전해지는 뉴스는 그 유익함도 있지만, 거짓 뉴스처럼 인간성을 훼손하는 어두운 면도 갖고 있습니다. 그래서 더욱더 바르게 이해하고 사랑하는 것이 중요합니다.

지난 5월, 우리나라를 방문하여 강연과 함께 값진 대화를 나누어 주신 《하느님과 트윗을》 저자 미헬 레메리 신부님의 책을 《청년이 알아야 할 사회교리 Q&A》라는 제목으로 출판하게 되어 기쁩니다. 미헬 레메리 신부님은 네덜란드 로테르담교구 소속으로, 《하느님과 트윗을》과 《성인들과 온라인*Online with Saints*》의 저자이고 청년 사목과 인터넷 관련 사목에 전념하고 계십니다. 우리가 알아야 하고 궁금해하는 다양한 주제에 대해 교회의 사회적 가르침을 쉽고 구체적으로 설명하는 《청년이 알아야 할 사회교리 Q&A》는 시의적절한 책이라 생각합니다. 이 책은 독자가 교회의 사회교리를 쉽게 이해하고 개개인의 일상에서 적용하도록 안내합니다. 이 책을 출간하는 데 애써 준 정진석 추기경 선교후원회와 가톨릭출판사에 감사드립니다.

독자 여러분 모두에게 하느님의 은총과 축복이 내리시기를 평화의 어머니, 성모님께 전구합니다.

서울대교구 교구장 정순택 베드로 대주교

✝ 정순택

한국어판 특별 서문

여러분의 이웃은 하느님이십니다.

저는 한국 사람들이 기술을 사랑하는 모습이 참 인상적이라고 느꼈습니다. 한국에는 거의 모든 것을 위한 첨단 기기가 있고 사람들은 그것들을 잘 활용합니다. 2027년 제41회 서울 세계청년대회도 기술의 도움을 크게 받고 있습니다.

2025년 5월 10일, 레오 14세 교황님께서는 첫 연설에서 추기경님들에게 인공 지능과 급속한 기술 발전이 인류에 미치는 결과에 대해 말씀하셨습니다. 몇 년 동안 인공 지능에 대해 깊이 생각해 온 저는 이 현상과 19세기 산업 혁명의 유사성을 발견할 수 있었습니다. 그 시대의 기술적 진보는 현대 세계의 발전에 기초를 놓아 주었고, 우리가 사용하는 모든 첨단 기기의 바탕이 되었습니다. 그러나 모두 긍정적이지만은 않았습니다. 산업 혁명은 노동 윤리, 자선, 사회적 책임의 영역에서 여러 도전을 가져왔습니다. 예를 들어 사람들은 연금이나 고용 안정도 없이, 더럽고 시끄러운 공장에서 장시간 노동을 해야 했습니다. 레오 14세 교황님의 선임자이신 레오 13세 교황님께서는 교회가 도덕적 지침을 제공하고 공동선을 위한 해법을 찾아야 할 필요성을 인식하시고, 사회교리의 초석이 되는 획기적인 회칙 〈새로운 사태Rerum Novarum〉를 발표하셨습니다.

저는 인공 지능 및 관련 기술이 가져오는 발전을 새로운 산업 혁명이라고 생각합니다. 증기 기관에서 로봇으로 옮겨 갔을 뿐, 도전은 여전히 남아 계속해서 인류와 노동 윤리에 중대한 영향을 끼치고 있습니다. 우리에게는 모든 민족의 공동선을 증진하는 새로운 도덕적 지침과 도움이 필요합니다. 이와 같은 견해를 공유하고 계신 레오 14세 교황님께서는 첫 연설에서 〈새로운 사태〉를 인용하시며 이렇게 말씀하셨습니다.

> *"오늘날 교회는 인간의 존엄성, 정의, 노동의 수호에 새로운 도전을 제기하는 인공 지능 분야의 발전과 또 하나의 산업 혁명에 응답하여 교회의 사회적 가르침이라는 보화를 모든 이에게 제시합니다."*

인공 지능은 삶 가운데 하나의 예일 뿐입니다. 인간의 삶은 사랑에 바탕을 두고 있고, 교회가 해석해 온 예수님의 가르침으로 심오하게 변화할 수 있습니다. 이 책은 예수님의 가르침을 믿음과 사랑으로 받아들일 때, 그것이 우리 현대 생활의 모든 영역에 영향을 미친다는 것을 보여 줍니다. 이 책은 세계적으로 중요한 주제를 다룹니다. 그리고 더 나아가 우리가 개인적 삶으로 돌아와 질문을 던지게 합니다. 나는 무엇을 할 수 있고 어떻게 기여할 수 있을까? 어떤 방식으로 변화를 이끌 수 있을까? 교회의 사회교리에 자신을 맡길 때, 여러분은 더 나은 세상을 만드는 데 이바지할 수 있습니다.

미헬 레메리 신부

들어가는 글

하느님께서 여러분의 이웃이라면 어떨까요? 무엇을 하고, 무엇을 하지 않을까요? 여러분은 하느님께 경배하듯이 이웃을 위해 무릎을 꿇지는 않을 겁니다. 하지만 때로는 어려운 처지에 있는 사람들을 돕기 위해 무릎을 꿇어야 합니다. 예수님께서는 굶주리고, 목마르고, 집이 없고, 헐벗고, 병들고, 감옥에 있는 사람들에게 해 준 것이 곧 당신에게 해 준 것이라고 말씀하셨습니다(마태 25,35-36)!

기품 있는 노부인이 이웃이라면, 저는 그분에게 무엇인가를 해 드리는 일이 아주 어렵지 않을 것입니다. 심지어 그 부인에게서 하느님의 모습을 찾을 수도 있습니다. 그러나 냄새 나는 노숙자에게는 쉽지 않습니다. 심지어 제가 그에게 자선을 베풀었는데, 그가 제가 준 돈이 너무 적다고 소리친다면 더욱 그러하겠지요. 하지만 하느님께서는 제가 그들의 손과 발이 되고, 그들의 입이 되기를 원하십니다. 저는 모든 것을 다 할 수는 없지만, 저의 이웃을 도울 수는 있습니다! 이웃을 돕는 일을 통해 하느님께 대한 신앙이 구체적으로 드러납니다.

기쁨의 축제

저는 가끔씩 좋은 사람들과 식사를 하거나, 아주 진한 다크 초콜릿을 먹는 것을 좋아합니다. 그런데 다른 곳에서 저의 형제자매들이 고통을 겪고 있다면, 제가 이런 즐거움을 누려도 되는 걸까요? 인생을 즐기기보다 진지하게 임해야 하는 것 아닐까요? 하지만 예수님께서는 첫 번째 기적으로 물을 맛 좋은 포도주로 만드셨습니다(요한 2,1-11). 이 포도주는 완전하지 못한 세상에서 축제를 즐기기 위해서 만들어졌습니다. 우리는 언제나 기뻐해야 하고, 때로는 축제를 즐겨야 합니다. 예수님께서는 우리가 기쁨으로 가득 차기를 원하십니다(요한 15,11).

가끔은 물질적 즐거움을 누리면서, 그 즐거움에 대해 하느님께 감사를 드리는 것도 좋은 일입니다. 하지만 성경은 우리에게 어리석은 부자의 비유를 들려줍니다. 그는 곳간에 곡식과 재물을 풍성하게 가득 채웠지만, 모든 재물을 쌓은 순간에 죽음을 맞이합니다(루카 12,15-21). 우리는 무엇을 먹고 입을지 걱정하기보다 오직 하느님 나라를 위해 힘써야 하고(루카 12,22-31), 더 나은 세상을 만들기 위해 우리가 하는 모든 일을 통해 노력해야 합니다.

희망

모든 것은 변합니다. 그러나 하느님 나라에서 얻게 될 영원한 생명에 대한 하느님의 약속은 변하지 않습니다. 초자연적인 생명을 주시겠다는 약속은 삶의 노고를 가치 있게 만듭니다(먹고 마시는 것에 대한 약속이 아닙니다)! 이웃에게 빵을 나누면서도, 희망의 약속을 전하지 않는다면 잘못된 행동입니다. 이 세상의 삶은 캠핑 여행과 같습니다. 우리는 여행 중에 때때로 불편함에 부딪치지만, 이를 기쁘게 받아들입니다. 왜냐하면 얼마 뒤에는 필요한 모든 것이 갖추어진 집으로 돌아갈 것을 알기 때문입니다. 천국은 우리의 집이고, 이 세상의 삶은 약간 불편한 캠핑 여행입니다. 천국이 우리를 위해 마련된 것을 알고 희망한다면, 지금 내가 가진 것을 이웃과 더 쉽게 나눌 수 있습니다. 그러면서 우리는 더 나은 세상을 만들어 갈 수 있습니다.

발전

하느님께서는 인간에게 지성을 주시면서, 삶의 조건을 발전시키도록 하셨습니다. 인간은 실제로 그렇게 발전해 왔습니다. 처음에는 연약한 몸을 지키기 위해서 동굴에서 살고 가죽옷을 입었지만, 지금은 멋진 집에 살며 세련된 옷을 입습니다. 하지만 모든 사람이 이러한 집과 옷을 가질 수 있는 것은 아닙니다. 하느님께서 주신 창의적인 지성을 가진 우리는 서로 돌보고 나누며 살아가야 할 책임이 있습니다.

인간의 발명품 가운데 인류 복지를 진전시키는 훌륭한 것도 있지만, 인간과 하느님의 창조물에 해를 끼치는 것도 있습니다. 제 삶에서도 마찬가지입니다. 고해성사를 위해 성찰할 때마다, 제가 얼마나 하느님과 이웃 사랑을 거슬러 행동하는지 제 죄가 하느님과 이웃에게 얼마나 큰 상처를 주는지 깨닫습니다.

나무 심기

우리의 사명은 모두가 불완전한 이 세상을 가능한 한 견딜 수 있도록 만드는 것입니다. 교황님들처럼 저도 나무 심기를 통해 이 사명에 참여합니다. 제가 심은 희망의 영적 나무는 제가 죽은 후에도 사람들에게 산소와 과일을 제공할 것입니다. 이는 하느님의 사랑에 대한 메시지, 마지막 날에 대한 약속의 메시지를 전하는 것입니다. 제가 전하는 메시지가 계속해서 퍼져 나간다면, 그것은 제가 심은 영적 나무들이 열매를 맺는 것과 같습니다.

앞으로 이어지는 내용은 현세의 삶이 이웃과 하느님의 창조물을 돌보는 것임을 보여 줍니다. 나누는 일이 행복하다는 사실을 경험하셨으면 좋겠습니다. 매번 식사 자리에 멋진 와인과 초콜릿을 가져온다고 무슨 큰 의미가 있겠습니까? 좋은 사람들과 함께할 때 비로소 식사 자리가 완전해집니다! 우리의 삶도 창조주 하느님과 함께 살아갈 때만 완전에 가까워집니다. 하느님께서는 천국의 집에서 우리를 열렬하게 기다리고 계십니다. 그리고 여기에서도 우리와 함께 계십니다. 특히 보잘것없고, 가난하고, 궁핍한 여러분의 이웃 안에 계시며, 우리가 당신을 만나러 오길 기다리십니다.

/FatherMichelRemery

@FrMichelRemery

이 책에 대하여

이 책은 여러분이 스스로에게 던질 만한 질문에서 시작되었습니다. 모든 질문은 전 세계 청년들이 실제로 물었던 것입니다. 모든 주제도 이 질문들을 토대로 선정하였습니다. 이 책은 질문에 답하면서, 교회가 이러한 주제에 관하여 어떻게 말하는지 개요를 제공합니다.

예수님을 바라보기

삶 속에서 마주하는 많은 질문은 "예." 혹은 "아니오."라고 단순한 이분법으로 대답할 수 없습니다. 종합적인 대답을 찾으려면, 예수님을 바라봐야 합니다. 그분께서 어떻게 행동하시는지 알아야 합니다. 그분께서는 항상 사랑과 돌봄과 정의로 행동하시고, 우리에게도 이를 촉구하십니다. 여기에서 제기한 질문들을 고민한다면, 세상을 바라보는 여러분의 관점은 더욱 성장할 수 있습니다.

양심

하느님께서는 여러분을 당신의 모상으로, 당신과 닮은 모습으로 만드셨습니다(창세 1,26). 그래서 여러분이 하느님을 알지 못하더라도, 여러분 안에서 하느님의 흔적을 찾을 수 있습니다. 하느님께서는 우리에게 양심을 주시어, 우리가 하느님께서 원하시는 모습에 가까워지도록 이끌어 주십니다. 여러분이 정직하게 양심의 소리를 듣는다면, 양심은 삶의 안전한 안내자가 됩니다. 그래서 우리는 올바르게 양심을 형성해야 합니다. 여러분이 하느님과 그분의 선택에 대해 알아 갈수록, 여러분의 양심을 더 잘 읽을 수 있습니다. 성령께서는 여러분을 도와주시고자 영감을 주시기에, 언제나 성령께 기도드리며, 그분의 도움을 청할 수 있습니다.

원리

교회의 사회교리는 양심을 형성하는 훌륭한 도구입니다. 사회교리의 원리는 성경 속 정의와 사랑에 관한 예수님의 가르침을 기반으로 합니다. 우리는 이 원리들을 반복해서 언급하고자 합니다. 더 나아가 매일 기도, 영적 동반, 지혜로운 그리스도인에게 조언을 구하는 일도 우리의 양심을 바르게 형성하는 훌륭한 방법입니다.

선포

사회교리의 모든 원리는 모든 이에게 선포되어야 하는 복음(마태 28,19-20)에 바탕을 두고 있습니다. 이 책은 여러분이 그리스도인으로서 살아가는 데에 도움이 되고자 합니다. 그리스도인으로 살아간다는 것은 복음의 메시지를 주변 사람들과 나누는 것을 의미합니다. 예수님께서 우리와 함께 계신다는 기쁜 소식은 시장 한복판이나, 교회 연단에서 외치는 방식이 아니라, 여러분 삶의 방식과 "여러분 안에 있는 희망"(1베드 3,15)을 통해 선포됩니다. 예수님과 함께하는 삶은 언제나 가능성과 희망이 있기에 완전한 어둠일 수 없습니다. 희망의 메시지는 세상을 변화시킵니다.

자비의 실천

교회는 일곱 가지 육체적 자비의 실천과 일곱 가지 영적 자비의 실천을 가르칩니다(#TwGOD 4.7). 이는 온 인류의 몸과 영혼을 모두 돌보라고 명하시는 예수님의 가르침에 바탕을 두고 있습니다.

육체적 자비의 실천

1. 굶주린 이에게 먹을 것 주기
2. 목마른 이에게 마실 것 주기
3. 헐벗은 이를 입혀 주기
4. 나그네를 맞아들이기
5. 병든 이를 돌보기
6. 감옥에 갇힌 이를 찾아가기
7. 죽은 이를 묻어 주기

영적 자비의 실천

1. 의심하는 이를 바른길로 이끌기
2. 무지한 이를 가르치기
3. 죄인을 타이르기
4. 슬퍼하는 이를 위로하기
5. 모욕하는 이를 용서하기
6. 불의를 인내로 견디기
7. 산 이와 죽은 이를 위해 기도하기

육체적 자비의 실천은 어려움에 처한 사람들을 돕는 일과 관련됩니다. 세상 속에 가난하고 고통받는 사람들이 있는데, 어떻게 나는 부와 평화를 누리며 살아갈 수 있을까요? 영적 자비의 실천은 복음화 및 신앙 선포에 관한 것이지만, 또한 특별히 나의 개인적인 신앙을 살아가는 것과 관련됩니다. 우리 삶은 단순히 이 세상(자연적)만을 위한 것이 아니라, 궁극적으로 하느님과 함께 살아가는 하늘나라를 위한 것(초자연적)입니다. 예수님께서는 우리가 충만한 삶을 살기를 원하십니다(요한 10,10). 이를 위해 우리는 이 책을 읽으면서 우리 존재의 자연적 측면과 초자연적 측면 모두에 주목해야 한다는 점을 알게 될 것입니다.

육체적 자비의 실천과 영적 자비의 실천은 그리스도인의 필수적인 실천 과제입니다. 이 둘은 절대로 떨어질 수 없습니다. 예수님과의 관계에서 비롯되는 참된 기쁨을 나누지 않으면서, 그저 빵을 주는 것만으로 어떻게 형제자매의 행복을 진정으로 바란다고 할 수 있겠습니까? 이 자비의 실천이 여러분의 마음을 북돋아, 교회의 사회적 가르침을 일상에서 살아 내도록 이끌어 주기를 바랍니다.

이 책을 활용하는 방법

이 책은 가장 관심 있는 질문부터 읽으면 됩니다. 질문에 대한 대답은 본문과 해시태그가 붙은 참조 이야기로 구성됩니다. 이 구성은 아는 주제를 깊이 이해하도록 도움을 주고, 그 주제의 답을 찾게 합니다. 여러분에게 부담이 되지 않도록 많은 양을 싣지 않았습니다. 식견을 넓히기 위해서 사회교리의 원리를 읽는 것으로 시작해야 합니다. 소그룹을 만들어 이 주제를 토론한다면, 이 책의 본문을 읽고 대화를 나누면서 제공하는 대답을 더 깊이 이해할 수 있습니다.

스캔

주제를 더 깊이 이해하기 위해서 두 개의 무료 앱을 사용할 수 있습니다. '하느님과 트윗을Tweeting with GOD' 앱에서 질문 바로 위에 있는 사진을 스캔하면, 종합적인 답변과 많은 보충 자료를 얻을 수 있습니다. 이는 개인이나 그룹이 그 주제를 심화하는 데에 유용합니다. '성인들과 온라인Online with Saints' 앱으로는 질문과 관련 있는 성인의 사진을 스캔할 수 있습니다. 성인들은 이 앱이 제공하는 소셜 미디어 프로필에서 직접 자신의 삶과 경험에 대해서 이야기합니다.

더 알기

'더 알기'는 그 주제에 관한 더 많은 정보를 제공합니다. 기본 질문과 매우 밀접하거나, 그 주제의 배경을 이해하도록 돕는 내용입니다. 이 책은 주제를 다양한 각도로 바라보고, 신앙과 양심의 소리를 들으면서 개인적인 결론을 내릴 수 있도록 돕습니다.

더 읽어 보기

이 주제에 대해 더 알고 싶다면, 다음의 자료들을 읽어 보시면 됩니다. 《가톨릭 교회 교리서CCC》, 《간추린 가톨릭 사회교리CCCC》, 《가톨릭 청년 교리서YOUCAT》, 《가톨릭 사회 교리서DOCAT》, 《하느님과 트윗을#TwGOD》, 《성인들과 온라인#OnlineSaints》이 있습니다.

기도하기

우리는 기도를 통해 창조주 하느님과 관계를 맺습니다. 우리는 기도를 통해 잠시나마 하느님과 일치를 이루고 일상을 바라보는 우리의 시각을 변화시킵니다. 규칙적으로 기도 시간을 갖는 일은 도움이 됩니다. 기도는 언제나 쉽지 않지만, 배우고 익힐 수는 있습니다(#TwGOD 3.1-8). 가장 중요한 것은 바쁜 일정 속에서도 하느님과 시간을 보내려는 열망, 즉 단 몇 분이라도 하느님과 단둘이 보내는 시간을 가지려는 열정입니다.

인용문

모든 질문에 교황님의 가르침을 인용문으로 수록하였습니다. 교황님들의 가르침에는 연속성이 있습니다. 교황님들께서 강조하는 바는 다르지만, 교회의 사회교리는 전 세대에 걸쳐 변함이 없습니다. 교회는 언제나 예수님의 가르침을 바탕으로 현대 사회가 던지는 질문에 응답합니다.

성인

여러분은 이러한 질문에 직면한 첫 번째 사람이 아닙니다. 질문에 이미 대답한 이들이 있고 그 가운데 몇몇은 신앙과 실천에서 하느님과 매우 가까웠습니다. 교회는 그러한 이들을 복자 혹은 성인으로 선포합니다. 그들은 이 순간 하느님 나라에 있으면서, 여러분을 위해 기도하고 있습니다. 그들의 모범은 여러분이 하느님과 더 가까워지고, 대답을 찾는 과정에서 하느님과 관계를 맺도록 영감을 줄 것입니다.

실천하기

한 질문에 한 가지 답만 있지 않습니다. 상황과 사람에 따라 답이 달라질 수 있습니다. 이 책은 우선 교회의 사회교리를 바탕으로 포괄적인 대답을 찾고자 합니다. 그다음, 여러분은 그러한 기초 원리를 일상에 적용하셔야 합니다. 이 문제에 대해 여러분이 '미리' 생각해 볼 수 있도록, 몇 가지 예시와 질문을 제시할 것입니다. 이는 실제 상황을 마주할 수 있도록 준비시켜 줍니다. 예수님과의 관계가 깊어질수록, 실제 삶의 문제에 대한 실질적인 대답을 잘 찾을 수 있습니다.

생각하기

'실천하기' 상자가 하나의 주제를 조금 더 깊이 고찰하게 한다면, '생각하기' 상자는 거기에서 한층 더 깊은 숙고로 나아가게 합니다. 개인 독자의 경우, 이 주제를 깊이 이해하고 더욱 확신하게 됩니다. 그룹인 경우, '생각하기' 안에 수록된 질문으로 서로의 의견을 나누면서, 대답을 찾을 수 있습니다.

요약

'요약'은 주제의 가장 중요한 내용을 짧고 명료하게 담고 있습니다. 요약의 목적은 여러분이 답변의 핵심을 파악하면서 주제에 대해 스스로 통합적 이해에 이르도록 도와주는 데 있습니다. 결국 일상에서 사회교리의 원리를 적용하는 사람은 바로 여러분입니다. 148쪽에서 소개하는 책과 앱은 여러분이 이러한 임무를 준비하는 데에 도움이 될 것입니다.

기초

어떻게 올바른 선택을 할 수 있을까요?
사회교리란 무엇입니까? 사회교리에는 어떤 원리가 있을까요?

이 책의 대답은 '교회의 사회적 가르침' 혹은 '가톨릭 사회교리'라고 부르는 것에 바탕을 두고 있습니다. 사회교리란, 우리가 다른 사람의 관계와 하느님과의 관계 안에서 신앙을 어떻게 살아가야 하는지 현대적으로 해석한 가르침입니다. 성경 속 예수님의 가르침에 완전히 부합하고, 그 가르침을 바탕으로 세워진 사회교리는 성찰 원리를 제시하고, 판단 기준을 마련하며, 행동 지침을 일러 줍니다(CCC 2423항).

모든 이에게 받아들여짐

사회교리는 때때로 복잡하고 부담스러운 질문에 명확하게 대답하는 데 유용한 안내서가 됩니다. 사랑, 인간 존엄성, 연대성 등 인간의 기본적인 원리들에 기초하기 때문에, 다른 종교를 믿거나, 종교를 가지지 않은 사람들에게도 많은 부분이 받아들여질 수 있습니다. 하지만 이런 원리들은 세계 인권 선언에서도 찾아볼 수 있습니다. 모든 사람은 하느님으로부터 창조되었고, 그들 안에 하느님의 흔적이 존재하기 때문에, 모든 사람의 마음과 양심 안에 이 원리가 있습니다. 이런 의미에서 사회교리 원리는 인류에 대한 하느님의 선물이며, 이것으로 인간 존재에 관한 심오한 진리를 밝힐 수 있습니다.

더 읽어 보기

#TwGOD 2.45-46, 4.45; #OnlineSaints 1.3, 1.7.
사회교리: CCC 2419-2425; CCCC 509; YOUCAT 438-439; DOCAT 22-25, 28, 34-36, 84-86, 104-105, 141.

출발점

다음 쪽에서 사회교리에서 가장 중요한 원리들을 제시합니다. 이는 성찰의 출발점입니다. 삶에서 마주하게 되는 복잡한 질문과 상황을 이해할 답변을 찾도록 도와줄 것입니다. 그래서 사회교리 원리는 부차적인 계명을 모은 다발이 아니라(#TwGOD 4.9), 일상에서 하느님의 계명을 살아가도록 도움을 주는 원리입니다.

개인 맞춤형 답변

사람들을 공동체 일부분으로만 보는 것이 아니라 개별적인 존재로 볼 때 그들을 적절하게 대할 수 있습니다. 모든 사람이 각기 다르듯이, 최선의 행동 방침도 상황에 따라 달라집니다. 그래서 우리는 엄격한 법체계와 같이 어떤 답을 알려 드리는 것이 아니라, 원리를 제공합니다. 원리는 여러분이 직면하는 상황에 알맞은 답변을 찾도록 도와줄 것입니다. 궁극적인 원리는 규정이 아니라 사랑에 뿌리를 둡니다.

사회교리의 원리

기초

사랑 – 이중 계명

하느님 사랑과 이웃 사랑은 그리스도교 가르침의 가장 근본적인 원리입니다. 하느님께서 사랑이심(1요한 4,16)을 드러내신 예수님의 말씀과 본보기에 바탕을 둡니다. 예수님께서는 하느님의 계명을 이중 계명으로 요약하십니다. 첫째, 마음과 생각, 온 힘을 다하여 하느님을 사랑하는 것. 둘째, 이웃을 자기 자신처럼 사랑하는 것(마르 12,29-31; #TwGOD 1.19). 앞으로 나오는 모든 원리는 이 사랑의 이중 계명을 실현하도록 돕습니다.

인간 존엄성 – 생명권, 자유권, 노동권

인간 존엄성은 인간의 본성적인 가치입니다. 하느님께서는 인간을 당신 모상으로 창조하셨고, 예수님께서는 인간을 죄에서 구원하셨습니다(#TwGOD 1.26). 그러므로 인간 생명은 창조주 하느님께서 주신 귀한 선물이며, 그분께서 이를 매우 원하십니다(창세 1,26). 인간의 생명은 보호되고 증진되어야 하며, 인간은 자신의 삶을 충만하게 살아가야 합니다. 그것이 예수님께서 우리에게 바라시는 것입니다(요한 10,10). 모든 사람의 생명은 소중하기에, 아무리 작고 연약한 생명이라도 어느 누구도 그를 마음대로 할 수 없습니다. 생명을 누릴 자유는 더욱 증진되어야 합니다. 또한 노동은 인간이 자신의 존엄성을 실현하는 중요한 방식입니다. 차별, 노예화, 비인간적 작업 조건, 개인과 집단의 가치를 축소하는 모든 것은 인간 존엄성에 어긋납니다.

공동선 — 세상은 우리 모두의 것

공동선은 사람이 자신의 공동체적 및 개인적 완성을 이루는 사회적 조건의 총체입니다. 세상의 아름다움과 결실은 그 세상을 살아가는 모든 이의 것입니다(창세 1,28-30). 우리는 다른 사람들과 함께 살아가기 위해 창조되었습니다. 하느님께서는 우리가 형제자매가 되어(1코린 12,12-13) 한 가족, 한 몸을 이루길 원하십니다. 베네딕토 16세 교황님께서는 다음과 같이 설명하십니다. "개인적 선 이외에, 사회생활과 관련된 선, 곧 공동선이 있습니다. 이는 개인, 가정, 중간 집단이 함께 모여 사회를 이루고 있는, '우리 모두'의 선입니다."(《진리 안의 사랑》 7항) 모든 개인은 공동선을 증진하고 실현하도록 부르심을 받았습니다.

연대성 — 가난한 이를 위한 선택

연대성은 모든 사람에게 물질적 · 영적 재화가 공평하게 나누어지는 것을 뜻합니다. "누구든지 세상 재물을 가지고 있으면서도 자기 형제가 궁핍한 것을 보고 그에게 마음을 닫아 버리면, 하느님 사랑이 어떻게 그 사람 안에 머무를 수 있겠습니까?"(1요한 3,17) 하느님께서는 작고 약한 이를 더 좋아하십니다(루카 10,21; 1코린 1,27). 예수님께서는 우리가 지상 생활을 다 마친 다음, 우리의 믿음을 어떻게 심판하실지 가르쳐 주셨습니다. 배고프고, 목마르고, 집이 없고, 헐벗고, 병들고, 감옥에 갇힌 이들에게 행한 일에 따라 심판하실 것입니다. '가난한 이를 위한 선택'이란, 자신의 영적 · 물적 자산을 형제자매들, 특별히 가난하고 연약한 이들과 나누는 것을 뜻합니다.

창조 질서 보존 — 우리 공동의 집

환경 보존은 매우 그리스도교적인 행위입니다. 하느님께서는 세상을 창조하신 다음, 잘 돌보라고 우리에게 맡기셨습니다(창세 1,28). 세상은 우리 공동의 집이며, 하느님께서 우리에게 주신 선물입니다. 세상은 어떤 특정한 개인이나 집단의 소유물이 아니라, 모든 시대의 인류에게 주어졌습니다. 그래서 모든 사람이 세상의 결실을 함께 누릴 수 있도록 공정하게 나누어야 합니다. 또 창조 질서 보존은 우리가 함께 공동의 집을 돌보아야 함을 의미합니다. 프란치스코 교황님께서 다음과 같은 질문을 던지셨습니다. "우리 후손들, 지금 자라나는 어린이들에게 어떤 세상을 물려주고 싶습니까?"(《찬미받으소서》 160항)

정의와 평화 — 함께 살아가기

정의는 올바른 것을 추구하며, 평화로 나아가게 합니다. 정의는 단순히 법을 공정하게 적용하는 것 이상의 의미를 갖습니다. 명확함과 사랑은 함께 나아갑니다. 진정한 정의는 언제나 사랑과 연결됩니다. 사랑은 정의의 가장 높은 형태이자, 하느님 존재 자체입니다(1요한 4,8). 모두를 위한 정의는 가장 가난한 이와 연대하는 것, 자원을 공정하게 분배하는 것, 모두의 선익을 위해 환경을 보호하는 것과 밀접합니다. 정의가 실현될 때만 하느님 마음에 드시는 이 세상의 평화를 이룰 수 있습니다(루카 2,14).

보조성 — 책임의 공유

보조성의 원리는 인간 존엄성과 모든 사람의 참여를 고려하며, 과제와 책임의 공정한 분배를 목표로 합니다. '보조성 subsidiarity'은 라틴어 Subsidium 곧 '도움'에서 유래했습니다. 상위 사회 단체는 필요한 경우에만 하위 단체에 도움을 제공해야 합니다. 보조성의 원리는 이와 같은 방식으로 사회적 활동을 조정하여, 개인과 지역 공동체가 일상에서 최선의 지원을 받도록 합니다. 공동체가 개인이 자율적으로 할 수 있는 일에 간섭해서는 안 됩니다. 가정이나 지역 공동체가 스스로 수행할 수 있는 일을 상위 정부가 해서는 안 됩니다. 하위 단체가 정확한 정보를 이용할 수 있다면 그들이 결정하게 둘 수 있지만, 전체적인 측면을 고려해야 할 때는 상위 정부의 개입이 필요할 수도 있습니다.

참여 — 가정과 사회 안에서

우리는 모두 하느님께 받은 개인적 은사에 따라 공동체에 기여하기 위해 부르심을 받았습니다(1코린 12,4-11). 우리는 사회 · 경제 · 정치 생활의 구성원으로서 가정, 공동체, 사회에 참여해야 합니다. 모든 참여는 공동선에 봉사하기 위한 것입니다. 우리가 참여하는 방식은 연대성과 보조성의 원리에 바탕을 둡니다. 다시 말해서, 약하고 상처받기 쉬운 이들에 대한 돌봄은 과제와 책임의 공정한 분배를 수반해야 합니다. 사회는 훌륭한 그리스도교적인 리더, 정치인, 의료인, 환경미화원, 식품 생산자, 장인, 상인, 종교 지도자가 필요합니다.

복음화 — 기쁨 나누기

예수님과 맺는 우리의 관계는 매우 소중합니다. 어떤 일이 일어나더라도, 예수님께서 우리와 함께 계시고, 우리를 사랑하신다는 사실을 확신합니다. 심지어 그분의 현존을 느끼지 못하거나, 그분을 믿는 데 어려움을 겪는 순간에도 말입니다. 예수님의 사랑과 현존은 너무나 놀랍고 기쁜 소식이어서 우리만 알고 있을 수 없습니다. 예수님께서는 우리의 믿음을 다른 사람들과 나누고, 하느님과 함께하는 삶이 우리의 관점을 어떻게 바꾸는지 알려 주라고 촉구하십니다(마르 16,15-16). 복음화는 삶으로 선포하는 방식에서 시작하여, 언어로 선포하는 방식으로 이어집니다. 신앙을 삶으로 살아 내는 것이 시작이지만, 말로도 복음을 전해야 합니다. 여러분의 신앙적 삶과 말의 일치는 복음화를 이루는 데 큰 힘이 됩니다.

통합적 인간 발전 — 삶의 오케스트라

통합적 인간 발전이란, 우리가 다른 이를 도울 때, 단지 그들의 배고픔이나 신체적 안전만이 아니라, 신앙을 포함하여 인간을 인간답게 만드는 모든 것을 생각해야 함을 의미합니다(마태 4,4). 모든 사회교리의 원리는 세상과 세상을 살아가는 이들의 통합적인 발전을 증진하게 합니다. 프란치스코 교황님께서 말씀하셨습니다. "인간의 삶은 오케스트라와 같습니다. 여러 악기가 조화를 이루고, 모두가 같은 악보를 잘 보고 따른다면, 좋은 소리를 낼 것입니다." 우리는 통합적 인간 발전을 이루기 위해서, 공동체의 모든 구성원을 돌보고, 그들이 모든 차원에서 발전하도록 배려해야 합니다. 통합적 발전이란 신체적, 영적, 지적, 정서적, 사회적 등 모든 차원을 포괄합니다. 오직 그럴 때만, 우리는 공동체를 더욱 발전시키고 공동선을 위해 힘을 모을 수 있습니다.

청년이 알아야 할 사회교리 Q&A

여러분의 이웃은 하느님이십니다

우리의 이웃은 누구인가 : 가난과 연대

1

SCAN

도움이 필요한 사람에게 돈을 주어야 할까요?

가난한 이들의 존엄성을 존중하기 위해서 어떻게 해야 할까요?
의심 없이 나누어야 할까요? 왜 하느님께서는 그들을 도와주지 않으실까요?

예수님께서는 "주는 것이 받는 것보다 더 행복하다."(사도 20,35)고 말씀하셨고, "달라는 자에게 주고 꾸려는 자를 물리치지 마라."(마태 5,42; 루카 6,30)고 가르치셨습니다. 자선은 어떠한 보상도 바라지 않으면서, 여러분의 시간, 재능, 소유물을 자유롭게 타인에게 주는 것입니다(루카 14,12-14). 단, 사랑으로 주어야 합니다. 바오로 사도는 "내가 모든 재산을 나누어 주고 …… 나에게 사랑이 없으면 나에게는 아무 소용이 없습니다."(1코린 13,3)라고 감동적으로 말합니다.

예수님께서 우리에게 주신 이중 계명은 이 책 속 모든 질문의 마지막 대답입니다. **1.** "마음을 다하고 영혼을 다하고 정신을 다하여 하느님을 사랑하라." **2.** "네 이웃을 너 자신처럼 사랑해야 한다."(마르 12,29-31; #TwGOD 1.19) "하느님께서는 기쁘게 주는 이를 사랑하십니다."(2코린 9,7) 바오로 사도는 하느님께서 자유로운 마음으로 베푸는 사람을 사랑하신다고 말씀하십니다. 하느님께서는 여러분이 의무감으로 베푸는 것이 아니라, 사랑으로 베풀기를 원하십니다. 궁핍한 이에게 무엇인가를 줄 때, 하느님과 이웃을 향한 사랑으로 주도록 노력하십시오. 걱정하지 마세요! 하느님께서는 우리의 사랑과 나눔이 때때로 불완전하다는 것을 알고 계십니다. 우리는 종종 베푼 것에 미련을 가지거나, 누군가를 돕는 데 망설이곤 합니다. 그러나 우리가 부족하다고 해서, 하느님께서는 우리를 향한 사랑을 멈추지 않으십니다.

왜 하느님께서는 아무것도 하지 않으실까요?

하느님께서는 여러분을 통해서 가난한 이들을 도우십니다. "하느님께서는 아무것도 하지 않으신다."라고 말하지 마세요. 여러분의 마음과 손, 재산이 하느님의 소유가 되게 하고, 그분께서 그것을 사용하여 나누시게 하십시오! 여러분의 주변을 한 번 둘러보세요. 여러분의 도움이 필요한 사람과 상황이 있습니다. 바쁘게 일해야 합니다! 재정적 지원이나 육체적인 봉사, 경청이나 호의적인 미소로 그들을 도울 수 있습니다. 이 모든 것이 자선입니다. 물론 여러분이 부양해야 할 책임이 있는 이들을 위한 것까지 내어 주는 것은 의무가 아닙니다. 하지만 여러분이 베풀 수 있는 것은 너무나 많습니다.

인간 존엄성

여러분은 가난한 이들에게 항상 그들의 존엄성을 존중하는 방식으로 베풀어야 합니다. 인간 존엄성은 그리스도인 생활의 기본 원리입니다. 여러분이 우연히 나눌 것을 가지고 있다고 해서, 가난한 이보다 우월하지 않습니다! 여러분의 생명은 다른 이들의 생명과 마찬가지로 동일한 가치와 존엄을 지닙니다. 하느님께서 우리 각자를 원하시고 창조하셨기에, 모든 생명은 신성합니다. 프란치스코 교황님께서는 우리에게 질문을 던지십니다. "어떤 사람이 나에게 도움을 청할 때, 멈춰서서 그의 얼굴과 눈을 바라볼 수 있습니까?" 그 사람을 바라보지 않고, 말하기를 멈추지 않으면서, 동전 하나를 주는 것은 진정한 자선이 아닙니다.

연대성

연대성은 그리스도인의 생활을 위한 또 다른 원리입니다. 프란치스코 교황님께서는 말씀하십니다. "불평등, 가난, 불의 등 많은 상황은 형제애의 깊은 결핍일 뿐만 아니라, 연대 문화가 부재하다는 표지입니다." 우리의 시간, 힘, 자원, 소유물을 누군가에게 베푸는 연대는 가난한 이들이 존엄성을 지니고 살아갈 수 있게 하고, 우리가 스스로 인간 존엄성을 깨닫게 합니다. 인간 존엄성은 다른 이들과 연대하면서 실현됩니다! 요한 세례자는 말했습니다. "옷을 두 벌 가진 사람은 못 가진 이에게 나누어 주어라. 먹을 것을 가진 사람도 그렇게 하여라."(루카 3,11) 어쩌면 참된 연대란, 서로 나누다 보면 결국 똑같이 가난(혹은 부유)해지는 것을 의미할지도 모르겠습니다.

더 알기

돈과 음식을 베푸는 것이 우리가 할 수 있는 전부일까요?

돈이나 음식을 가진 사람들이 이를 나누는 것은 굶주린 사람들과 참된 연대를 보여 주는 훌륭한 방법입니다. 그러나 그 외에도 도움을 줄 수 있는 방식은 많습니다. 단기적인 긴급 구호와 장기적인 해결책 모두 필요합니다. 젊은이들이 보여 준 몇 가지 새로운 사례가 있습니다. 짐바브웨의 소년은 스타트업 기업을 설립하여 일이 절실하게 필요한 사람들을 고용했습니다. 요르단의 소녀는 여성과 장애인을 위한 교육 프로젝트를 진행하여 독립적인 수입을 창출했습니다. 오스트레일리아의 젊은이들은 노숙자들을 위한 세탁 서비스와 샤워 버스를 마련했습니다. 여러분이 돈이나 재산을 나눌 수 없더라도, 여러분의 힘과 마음, 자비로운 정신으로 가난한 이들의 삶을 변화시킬 수 있습니다.

더 읽어 보기

#TwGOD 1.34-35, 4.45; #OnlineSaints 1.45, 2.8.
가난 & 연대성: CCC 2443-2449 &1939-1942;
CCCC 520 & 414; YOUCAT 448-451 & 332;
DOCAT 164-170, 238-241 & 100-103.

기도하기

가난한 이를 사랑하시는 하느님.
당신께서 저에게 주신 것을 사랑과 연대와 존중으로
가난한 이들과 나눌 수 있도록 도와주소서.
또한 이기심과 소유욕에서 벗어나도록
저를 도우소서.

베푸느냐 마느냐

아이가 애완동물로 독이 든 뱀이나 사나운 곰을 사 달라고 한다면, 부모님은 어떻게 할까요? 아이를 위해서 거절할 것입니다. 삶의 모든 영역에서 식별이 필요하듯이, 언제, 어떻게, 무엇을 베풀지도 식별이 필요합니다. 때때로 사랑의 기본 원리는 상대에게 해가 되거나, 여러분의 기부가 남용되는 것을 막아 줍니다. 동시에, 여러분은 도움을 받는 이들이 갖는 선택의 자유와 존엄성을 존중해야 합니다. 이러한 질문에 대해 미리 생각하는 것이 좋습니다. 마지막으로, "베풀지 말지 확신이 서지 않을 때는" 베푸세요. 틀리는 것을 두려워하지 마세요. "주는 것이 받는 것보다 더 행복"(사도 20,35)합니다.

생각하기

- 여러분은 가난한 사람에게 돈을 준 적이 있습니까? 다음에도 또 하실 건가요? 그 이유는 무엇인가요?
- 노숙자와 대화를 해 본 적이 있습니까? 어떻게 궁핍한 사람들을 사랑과 존중으로 대할 수 있을까요?
- 그리스도인이 가난한 사람을 돕는 일을 우선해야 한다고 생각하나요?
- 여러분 주위에 도움이 필요한 사람들이 있나요? 여러분은 무엇을 할 수 있을까요?

인용문

가난한 이를 위한 우선적 선택

"가난한 이들의 필요는 부자들의 욕구보다 우선합니다. 노동자의 권리는 이윤 극대화보다, 환경 보전은 통제되지 않는 산업 팽창보다, 사회적 필요를 충족시키는 생산은 군사적 목적의 생산보다 우선되어야 합니다."

[요한 바오로 2세 교황, 그리스도교 공동체에게 한 연설, 1984년 9월 14일, 5항]

"하느님께서는 가난한 이들에게 '먼저 당신의 자비'를 베풀어 주십니다. 교회는 가난한 이들을 위한 선택을 해 왔습니다. 베네딕토 16세의 가르침대로, 이 선택은 '우리를 위하여 가난하게 되시어 우리가 그 가난으로 부유하게 되도록 하신 하느님에 대한 우리 그리스도인의 마음에 포함된 것입니다.' 가난한 이를 위한 우선적 선택이 없다면 '그 자체로 훌륭한 사랑의 형태인 복음 선포는 오해를 받거나, 대중 매체에 좌우되는 오늘날의 사회에서 날마다 우리를 집어삼키려 하는 홍수에 침몰될 위험이 있습니다.'"

[프란치스코 교황, 〈복음의 기쁨〉, 198-199항]

성인

왜 하느님께서는 가난하고 굶주리고 목마른 이들을 도와주지 않으시나요?

가난한 이들의 빈곤함을 본 빈첸시오 아 바오로 성인 덕분에 우리는 '성 빈첸시오 아 바오로회'라는 위대한 업적을 얻었습니다. 성인은 어려움을 겪는 가난한 이들을 도왔고, 그들이 서로 도우며, 하느님께서 그들 각자를 어떻게 사랑하시는지 알도록 가르쳤습니다. 하느님께서는 여러분도 당신의 도구가 되기를 원하십니다. 어때요? 여러분도 준비가 되셨나요?

실천하기

도움이 필요한 사람에게 돈을 주어야 할까요?

이 질문에 대한 대답은 상황에 달렸습니다. 여러분은 노숙자들의 생활 환경을 개선하고 싶어 합니다. 그들이 하느님의 자녀라는 훌륭한 이유 때문이지요! 여러분이 그들에게 돈을 주든 아니든, 여러분 앞에 있는 사람과 적극적으로 관계를 맺고, 존중과 사랑으로 대해야 합니다. 다음의 생각할 거리는 실천에 도움을 줄 것입니다.

- 여러분은 좋은 의도로 건네준 돈이 술이나 마약, 혹은 다른 해가 되는 것을 사는 데 사용되기를 원하지 않을 것입니다. 하지만 여러분이 그 사람에게 무엇이 좋고 무엇이 나쁜지 결정할 자격이 있습니까? 그들 또한 자유 의지를 지니고 창조되지 않았습니까?
- 돈 대신 음식을 주는 것은 정말 좋은 해결책이 될 수 있습니다. 가능하다면, 가난한 이들이 여러분에게 자신이 어떤 음식을 좋아하고, 어떤 음식이 필요한지 말하게 합시다. 그러나 사람에게는 음식보다 더 필요한 것이 있습니다(마태 4,4). 밤을 보낼 보호소, 개인 위생, 입을 옷을 위해서 돈이 필요합니다.
- 불행하게도, 어떤 곳에서는 걸인, 아이들, 장애인들에 대한 착취가 일반적으로 자행되고 있습니다. 여러분이 그들에게 준 돈은 현대판 노예 제도의 부당한 운영자들의 손에 들어갈 수도 있습니다. 여러분이 돈을 주지 않는다면, 운영자들은 그들에게 폭력을 행사할 것입니다. 하지만 다른 한편으로, 여러분의 돈이 이러한 학대의 악순환을 지속시키는 셈입니다.
- (교회) 자선 사업은 이러한 딜레마를 해결할 좋은 방안을 찾았습니다. 자선 단체를 통해 기부하시면 됩니다. 하지만 어떤 곳에서는 자선금이 모든 사람에게 도달하지 않기도 하고, 또 100% 믿을 수도 없습니다. 그럴 때는 길거리에 있는 사람에게 직접 돈을 주는 것이 더 낫습니다.

이 책의 많은 질문과 마찬가지로, 결국 여러분이 무엇을 결정할지는 온전히 여러분에게 달려 있습니다. 사랑이 여러분을 인도하는 원리가 되게 하고, 양심과 성령의 도우심에 의지한다면, 여러분은 올바른 선택을 할 수 있습니다(#TwGOD 4.1).

요약

확신이 서지 않을 때는 베푸십시오!
언제나 여러분 앞에 있는 사람들에게 주의를 기울이십시오.
그들은 여러분과 똑같은 가치를 지닌 사람입니다.
하느님께는 실천하는 여러분이 필요합니다!

2

모든 사람을 도와줄 수 없어요. 어디까지 도와주어야 하나요?

자선이란 무엇인가요? 얼마나 주어야 하나요?
왜 교회는 부유한가요? 나의 돈은 잘 사용되고 있나요? 만약 내가 가난한 이라면 어떨까요?

무엇이든 시작조차 못하는 것은, 모든 것이 불가능하다고 믿기 때문입니다. 상황이 어떠하든지, 여러분은 긴 변명 목록을 작성하게 될 것입니다. 하지만 성경은 "하느님께는 불가능한 일이 없다."(루카 1,37)고 가르칩니다. 예수님께서는 우리가 사랑을 실천하는 데 제한을 두라고 말씀하시지 않고, 예수님께서 빵 다섯 개와 물고기 두 마리로 오천 명이 넘는 사람을 배불리셨을 때처럼 불가능한 일을 하라고 촉구하십니다(요한 6,3-13)!

이 질문의 첫 번째 답은 공동체 안에서 찾을 수 있습니다. 그 어떤 개인도 모든 가난을 끝낼 수 없지만, 전 세계의 인류라면 가능합니다! 여러분은 훨씬 더 큰 공동체의 일부일 뿐입니다. 사실 여러분이 하루에 18시간씩 일하더라도, 세상의 굶주린 모든 이의 배를 불릴 수 없습니다. 하지만 여러분의 소명은 모든 세계적 문제를 해결하는 것이 아닙니다(여러분이 교황이 되거나, UN 사무총장이 되더라도 마찬가지입니다). 여러분의 과업은 여러분 주위에서 시작해야 합니다.

예수님께서 뭐라고 말씀하셨습니까?

예수님께서는 최후의 심판에서 모든 시대의 사람을 복을 받은 자와 저주받은 자로 갈라놓겠다고 말씀하셨습니다. 복을 받은 자는 예수님을 위해서 궁핍한 이들에게 무엇인가를 해 준 사람입니다. "내가 굶주렸을 때에 먹을 것을 주었고, 내가 목말랐을 때에 마실 것을 주었으며, 내가 나그네였을 때에 따뜻이 맞아들였다. 너희가 내 형제들인 이 가장 작은 이들 가운데 한 사람에게 해 준 것이 바로 나에게 해 준 것이다."(마태 25,35-36.40)

우리는 세상의 모든 사람과 한 가족을 이루고, 하늘에 계신 같은 아버지를 모십니다. 그렇다면 우리가 비교적 안락한 삶을 즐기고 있을 때, 굶주리고 있는 형제자매들을 어떻게 내버려둘 수 있겠습니까? 만약 여러분이 다른 이와 가진 것을 나누지 않는다면, 그리스도인이라고 말할 수 없습니다. 더 많은 사람이 예수님의 초대를 받아들일수록, 세상은 더욱 살기 좋아질 것입니다. 이것이 복음화가 중요한 또 다른 이유입니다.

자선Charity

하느님께서는 사랑이십니다(1요한 4,8). 여러분은 오직 그분의 '사랑Charity'으로 존재합니다. 자선은 사랑Love의 다른 말입니다! 자선은 모든 인간의 복지를 증진하는 데 도움을 주는 모든 사랑의 행위입니다. 가난한 이를 위한 먹을 것, 젊은이들을 위한 교육, 노숙자를 위한 쉼터, 무지한 이들을 위한 복음화를 생각해 보십시오. 나이 많고 외로운 이웃을 방문하고, 길모퉁이에 있는 여인에게 따뜻한 수프를 가져다주고, 맞벌이 부모님을 둔 아이들을 돌보는 것을 생각해 보십시오.

보상

모든 자선 행위는 어떤 방식으로든 보상을 받게 됩니다. 예수님께서는 말씀하십니다. "주어라, 그러면 받을 것이다."(루카 6,38) 그러나 보상을 받기 위해 주어서는 안 됩니다. 예수님께서는 아무도 모르게 베풀기를 원하십니다. 심지어 "오른손이 하는 일을 왼손이 모르게 하라."(마태 6,3)고 말씀하십니다. 하느님 아버지께서는 여러분이 한 일을 아시고, 여러분이 자신을 위해서 하는지, 하느님과 이웃을 위해 사랑으로 하는지 아십니다. 하느님께서는 여러분에게 아무도 모르게 '보답'하실 것입니다. 이것은 하느님과 여러분 사이의 일입니다. 지금 여러분의 의무는 베푸는 것입니다.

더 읽어 보기

#TwGOD 2.87, 4.46; #OnlineSaints 1.47, 2.19-20.
자선 & 분배: CCC 1822-1829 & 2401-2406;
CCCC 388 & 503-505; YOUCAT 309 & 426-427;
DOCAT 6-7, 14-16, 27 & 88-94, 237.

더 알기

부유한 교회?

어떤 사람들은 교회나 다른 자선 단체에 기부하지 않을 이유를 찾습니다. 그들은 이 기관들이 너무 부유해서, 돈을 제대로 쓰지 않을 것이라고 말합니다(#TwGOD 2.7). 안타깝게도, 때로는 힘들게 모아서 보낸 기부금이 어떤 사람들의 호화스러운 생활을 위해 남용되기도 합니다(#TwGOD 2.13). 다행히 이런 경우는 드물지만, 우리는 공동체의 일원으로서 이를 주의 깊게 감시하고, 모든 남용을 뿌리 뽑아야 합니다.

교회 '재산'의 대부분은 학교와 교회, 병원 및 다른 자선 기관의 인프라와 토지입니다. 가끔은 유물이나 유적도 있는데, 이는 문화유산으로서 유지하려면 큰 비용이 듭니다. 문화유산은 단지 과거의 것이 아니라, 지금 이 순간과 연관됩니다. 그것을 세우기 위해 돈을 봉헌했던 이들이 그랬던 것처럼, 문화유산의 아름다움과 건축과 예술을 통해서 창조주이신 하느님께 영광을 드리십시오. 문화유산의 높은 경제적 가치는 서류상으로만 존재합니다. 만약 그것들이 팔린다면(딱 한 번 가능합니다!), 고아, 노숙자, 병자, 노인, 교육받지 못한 이를 돌보는 일은 더 이상 지속될 수 없을 것입니다.

기도하기

사랑하는 하느님,
당신의 사랑이 우리와 도움이 필요한 이들을
어떻게 감싸고 있는지 알도록 도와주소서.
또한 저희가 보살피는 사람들에 대한 책임을 가질 때,
계산적이지 않고 관대해질 수 있도록 도와주소서.

베풀기에는 너무 가난한가요?

여러분의 부와 시간, 재능을 얼마나 나누어야 할지 식별하는 것은 여러분에게 달려 있습니다(2코린 9,6-7). 단지 예수님께서 하신 말씀을 기억하세요. "많이 주신 사람에게는 많이 요구하시고, 많이 맡기신 사람에게는 그만큼 더 청구하신다."(루카 12,48) 그 누구도 나눌 수 없을 만큼 가난하지 않습니다. 예수님께서는 동전 두 닢을 봉헌하는 가난한 과부를 칭찬하셨습니다. 그 과부는 다른 이들처럼 가진 것의 일부를 봉헌한 것이 아니라, 가진 전부를 봉헌했기 때문입니다(루카 21,1-4). 만약 여러분이 누군가의 도움을 받아 살아간다고 하더라도, 다른 사람들과 무언가를 나눌 수 있습니다. 때로는 가난한 이들이 더 잘 나누고, 우리의 모범이 되기도 합니다!

생각하기

- 가난한 적이 있었나요? 가끔 자선을 실천하는 이유는 무엇인가요?
- 모든 이에게 직업을 준다면 가난이 해결될까요? 가난은 범죄를 일으킬까요? 어떤 방식으로 그런 결과가 나타날까요?
- 그리스도인에게 가난보다 더 중요한 문제가 있나요? 그 이유는 무엇인가요?
- 만약 세금으로 가난을 없앨 수 있다면, 세금을 더 많이 낼 의향이 있나요? 그 이유는 무엇인가요?

인용문

가난한 이를 위한 자선

"가난한 사람들과 상호 인격적인 관계를 맺지 않고는 자선을 실천할 수 없습니다. 이것은 가난한 이들과 함께, 가난한 이들을 위해 사는 것입니다. 가난한 이들은 숫자가 아니라 사람입니다. 우리는 가난한 이들과 함께 살면서 가난한 마음으로 자선을 실천하는 법을 배울 수 있기 때문입니다. 그리고 자선은 나누는 것임을 배웁니다. 사실 주머니에 도달하지 못하는 자선은 거짓 자선이며, 마음과 영혼, 우리 존재 전체를 포함하지 않는 자선은 아직 완성되지 않은 자선입니다."

[프란치스코 교황, 국제 카리타스 연설, 2019년 5월 27일]

성인

모든 것을 나눠 주어야 할까요?

우리 대부분은 프란치스코 성인처럼 모든 것을 나누도록 부름받지 않았습니다. 사실 여러 성인은 매우 부유했습니다. 프랑스의 왕 루도비코 성인을 생각해 보십시오. 그는 재정적으로나 직접 그의 손을 통해 많은 자선을 베풀었습니다. 또한 자신과 가족에게 과도하게 돈을 쓰기보다는 여러 좋은 일에 돈을 사용했습니다. 남은 재산은 그의 아들에게 물려주었는데, 그것이 왕의 의무라고 생각했기 때문입니다.

실천하기

얼마나 주어야 하나요?

성경에서는 관습적으로 소득의 10%를 어려운 이들에게 베풉니다(창세 14,20; 신명 14,22-24). 왜 10%일까요? 10%가 크다고 생각할 수 있지만, 보통 그 정도 나눔으로 심각한 경제적 어려움에 처하지 않습니다. 모든 사람이 자신의 소득의 10%를 나눈다면, 실제로 변화가 일어날 것입니다. 생필품 없이 생활하는 사람들의 수를 보십시오. 그러면 얼마나 나눠야 할까요?

- 자선을 베풀 때, “얼마면 충분할까?”라고 묻는 대신, “얼마나 줄 수 있을까?”를 물어보세요. 자선을 베푸는 모든 행위는 여러분의 희생을 의미하기 때문입니다. 하지만 가난한 이들이 여러분보다 더 큰 고통을 겪고 있지 않습니까?
- 스스로에게 물어보십시오. 기본적인 생필품 이상의 것을 위해 돈을 쓰는 것과 비교해서 충분히 기부하고 있나요? 매일 비싼 커피가 정말 필요한가요? 그 돈을 자선 단체에 기부할 수 없을까요? 큰 차가 정말 필요한가요? 지위를 드러내고 싶어서인가요? 그렇게 빈번히 외출해야 할까요?
- 이따금 좋은 파티를 열기 위해 돈을 쓸 수 있습니다. 사실 예수님께서도 축제의 중요성을 강조하십니다(루카 15,9.23). 하지만 다른 모든 것이 그러하듯이, 합리적으로 절제해야 합니다(마태 9,15; #TwGOD 4.10). 어떻게 할 수 있을까요?

- 예수님께서는 “부자가 하느님 나라에 들어가는 것보다 낙타가 바늘귀로 빠져나가는 것이 더 쉽다.”(마르 10,25)고 말씀하셨습니다. 어떤 사람들은 기본 생활필수품조차 살 수 없는데, 우리가 지나치게 부유하게 사는 삶이 어떻게 하느님의 부르심일 수 있겠습니까?
- 주일과 축일을 특별하게 보낼 수 있지만, 주중에는 좀 더 절제하며 검소하게 지내시나요? 그렇게 하면 주일을 더 기쁘게 보낼 수 있지 않을까요? 이것이 자선을 위한 돈을 모으는 아주 간단한 방법이 될 수 있지 않을까요?

이는 여러분이 궁핍한 상황에 처할 정도로 많이 나누라는 뜻이 아닙니다. 신중하게 식별해야 합니다. 하지만 관대한 마음으로 하십시오.

요약

얼마나 주어야 하는지 묻지 말고, 얼마나 줄 수 있는지 물으십시오!
자선은 단순히 돈을 나누는 것만이 아니라, 자신의 삶 안에서 나눌 수 있는 모든 것을 의미합니다.
교회 역시 이러한 정신으로 교회의 재산을 나눕니다.

모든 이주민을 환영할 수 없지 않나요?

이주민을 본국으로 돌려보내고, 그곳에서 그들을 도와주는 편이 더 낫지 않을까요?
장기적인 해결책을 찾아야 하지 않을까요?

"예수님께서는 난민이셨습니다." 베네딕토 16세 교황님의 단호한 말씀입니다. 난민과 이주민 수용은 사회적으로 매우 뜨거운 논쟁이지만, 그리스도인의 대답은 단순해야 합니다. 나그네를 받아들이는 일은 그리스도인의 의무입니다(히브 13,2; 로마 12,13). 이는 바로 예수님을 받아들이는 것과 같습니다(마태 25,35)! 이주를 야기하는 문제에 대한 장기적인 해결책을 찾는 것은 분명 필요합니다. 하지만 그러한 해결책을 찾는 동안, 우리는 국경에 있는 사람들을 위해 무엇을 해야 할까요?

성경적 의무

성경은 "그를 너 자신처럼 사랑해야 한다. 너희도 이집트 땅에서 이방인이었다."(레위 19,34)라고 가르칩니다. 대부분의 현대인은 아주 오래전에 이주해 온 이들의 후손입니다. 최초의 인류는 아마도 아프리카 출신이었을 것이고, 미국인 가운데 많은 이들은 유럽에서 온 난민의 후손이며, 오스트레일리아인 가운데 많은 이들은 아일랜드와 잉글랜드에서 강제로 떠나온 이들의 후손입니다. 유럽과 아시아에서는 여러 시대를 거쳐 사람들이 계속 이주해 왔습니다. 어떤 이들은 가난과 전쟁을 피해서 온 순수한 난민이었고, 다른 어떤 이들은 잔혹한 정복자였습니다.
우리 그리스도인은 종교적 의미에서 난민입니다. 성모 찬송 가운데 하나인 "여왕이시어Salve Regina"에 의하면, 우리는 "추방당한 불쌍한 하와의 그 자손들"로서 낙원에서 쫓겨난 이들입니다(#TwGOD 1.4). 세상은 우리의 임시 거처이고, 천국에서 하느님과 함께 누릴 영원한 생명을 준비하는 "슬픔의 골짜기"입니다(#TwGOD 1.15). 한편, 우리는 서로를 형제자매로 대하고, 우리보다 덜 가진 이들에게 우리가 소유한 것을 나누라고 요청받습니다. 이민자와 난민을 받아들여야 하는 이유는 많습니다.

진정한 연대

인간 존엄성과 연대는 그리스도교 생활의 초석입니다. 우리는 우리의 삶을 항상 이 초석 위에 세우고 있습니까? 진정한 연대를 위해서는 자신의 것을 포기할 준비가 되어 있어야 합니다. 어느 정도의 공간과 습관, 재산 등을 말입니다. 이상적으로 말하자면, 이민자들이 떠나 온 나라와 여러분이 사는 나라의 전망이 서로 비슷해져서, 굳이 이

주할 필요가 없어지는 상태를 상상해 볼 수 있습니다. 그런 세상이야말로 우리가 지향하는 '완전한 연대'의 한 모습입니다. 그리스도인에게 진정한 부유함은 하느님과 이웃과의 친밀함에 있습니다. 우리의 목표는 모든 사람이 가난해지는 것이 아니라, 그리스도교적 의미에서 모두가 부유해지는 것, 즉 하느님과 가까워지고 서로가 가까워지는 것입니다. 이러한 목표에 도달하는 훌륭한 방법은 연대와 복음화입니다.

여기서 아니면 그곳에서?

"그들의 나라에 있는 우리의 이웃을 돕자. 그러면 그들은 그들의 집을 떠나지 않을 것이다."라는 말은 매우 현명하게 들립니다. 이는 매우 좋은 해결책입니다. 물론 올바른 이유로 행해져야 하지만, 도덕적 함정을 경계해야 합니다. 이런 제안을 하는 이유가 정말 그들을 위한, 그들의 존엄성을 위한 최선의 선택이기 때문입니까? 아니면 그들이 여러분 주위에 있는 것이 싫기 때문입니까? 폭력, 박해, 전쟁 때문에 그들의 집과 나라를 떠나야 하는 많은 난민에게 이 제안은 해결책이 될 수 없습니다. 그들의 미래는 우리의 환대에 달려 있습니다.

더 읽어 보기

#TwGOD 1.3, 1.5, 2.50; #OnlineSaints 2.24.
존엄 & 자유: CCC 1699-1709 & 1730-1742;
CCCC 358 & 363-366; YOUCAT 280 & 286-290;
DOCAT 47-56, 63-66 & 106.

더 알기

내가 될 수도 있습니다!

이주민이나 난민이 되었다고 상상해 보십시오. 여러분 나라의 상황은 어렵습니다. 내일 당장 가족들을 어떻게 먹여 살릴지 막막합니다. 격렬한 전쟁 속에서 여러분의 아이는 끊임없이 폭력의 위험에 처하거나, 소년병에 징집될 것입니다. 여러분의 집과 나라를 사랑하지만, 이곳의 상황은 매우 어렵습니다. 그런데 더 살기 좋고 안전한 나라에 대해서 듣게 됩니다. 새로운 곳에 가는 것은 두렵지만, 지금 머무는 곳을 떠날 결정을 내립니다. 여러분은 얼마 되지 않는 재산을 팔아 돈을 마련하고, 길고 위험한 여행을 떠납니다. 여러분(그리고 여러분의 가족)이 항구에 도착하기 위한 여정은 끝이 없습니다. 며칠을 걷고, 버스에 겨우 몸을 싣습니다.

오랜 시간 끝에, 터무니없이 비싼 가격의 배 한 척을 찾았습니다. 그 작은 보트에는 여러분과 비슷한 상황에 있는 사람들로 가득 찼습니다. 바다를 건너는 여행의 시작은 순조로웠지만, 곧 날씨가 변합니다. 배 옆쪽에서 놀던 아이가 물에 빠져 죽게 됩니다. 먹을 것은 거의 없습니다. 여러분의 힘은 거의 다했습니다. 그때, 배 한 척이 보입니다. 그 배의 선원은 당신을 보았지만, 키를 돌립니다. 그 나라의 법은 그들이 여러분을 돕는 것을 허용하지 않습니다. 마침내 여러분은 목적지에 도착했지만, 감옥으로 보내집니다. 이곳이 당신이 꿈꾼 약속의 땅입니까?

기도하기

사랑하는 하느님, 너무 많은 사람들이
끔찍한 상황에 고통을 받고 있습니다.
저의 도움을 필요로 하는 이들을 위해
준비되어 있게 하시고, 따뜻한 마음으로
낯선 이들을 받아들일 수 있도록 도와주소서.

분리는 차별

입구에서 분리하고 선별하여 받아들이는 것은 아주 끔찍한 일입니다. 우리 사회 안에 어떤 사람이나 집단에 대한 차별이 존재한다면, 우리는 반대해야 합니다. 난민들을 받을 때에도 마찬가지입니다. 예수님께서는 우리에게 필요한 사람만 받아들이라고 말씀하지 않으셨습니다. 예수님께 의사나 간호사의 삶이나 교육을 받지 않은 사람의 삶은 완전히 똑같습니다. 여러분이 난민 가운데 그리스도인만 돕고 싶다고 말할 때에도 마찬가지입니다. 그리스도인에 대한 박해는 끔찍한 일이며, 이를 막기 위해 정말 많은 노력을 기울여야 합니다. 하지만 다른 종교를 믿는 사람에 대한 박해도 마찬가지로 끔찍한 일입니다.

인용문

이방인을 환영하십시오!

"세계화 과정은 기회가 될 수 있습니다. 세계 자원의 불평등한 분배가 인류를 하나로 묶기 위한 필요한 연대를 새롭게 인식하게 된다면 그렇습니다. 교회는 모든 인간의 존엄성이 존중받고, 이민자들이 형제자매로 환영받으며, 온 인류가 하나의 가족을 이루도록 노력합니다."

[요한 바오로 2세 교황,
제86차 세계 이민의 날 담화, 4-5항]

"예수님의 부모님께서는 당신 아이의 생명을 구하기 위해 고국을 떠나 이집트로 피신해야 했습니다. 하느님의 아들 메시아는 난민이었습니다. 수 세기에 걸친 인류의 위대한 여정의 도착지이자 목적은 한 가족을 이루는 것입니다. 가족을 풍요롭게 하는 다름이 있습니다. 경계 없이 서로를 형제자매로 인정하는 것입니다."

[베네딕토 16세 교황, 삼종 기도,
2011년 1월 16일]

"그리스도인에게 맞갖은 유일한 자세는, 자녀들의 미래를 위하여 자기 목숨을 거는 우리 형제자매들의 편에 서는 것입니다. 이것이 바로 예수님께서 우리에게 모든 나그네 안에 계신 당신을 따뜻이 맞아들이라고 말씀하시면서 하신 요청임을 깨달아야 하지 않겠습니까?"

[프란치스코 교황,
〈기뻐하고 즐거워하라〉, 102항]

성인

난민에서 수도승으로

에디오피아 사람 모세는 노상강도였습니다. 그는 야만적이고 잔인했으며, 쉽게 화를 냈습니다. 정부군을 피해서 도망쳐야 했을 때, 그는 깊은 사막에 위치한 수도원에 피신할 수 있는지 물었습니다. 문지기는 잔인한 얼굴과 큰 덩치를 지닌 이 남자를 돌려보내고 싶었습니다. 하지만 수도원장은 문을 활짝 열어 이 낯선 이를 환대했습니다. 모세는 수도승들의 생활에 흥미를 느꼈고, 그들과 함께하길 청했습니다.

생각하기

- '집'을 어떻게 정의합니까? 모든 사람에게 집을 가질 권리가 있습니까? 그 이유는 무엇인가요?
- 여러분 주위에 이민자가 있습니까? 여러분의 나라에서 다른 나라로 이민을 간 사람을 알고 있습니까? 이들은 어떤 차이가 있나요?
- 이민자들이 여러분의 지역 언어를 배우는 데 여러분은 어떤 도움을 줄 수 있을까요?
- 이민자들은 그 나라 시민들과 같은 권리를 가져야 할까요? 그 이유는 무엇인가요?

실천하기

그만, 여기는 이미 가득 찼어! 과연 그럴까?

우리나라는 난민과 이주민을 얼마나 수용할 수 있을까요? 여러분이 생각하는 것보다 훨씬 더 많을 것입니다. 몇 가지 생각해 봅시다.

- 한 사람이 살기 위해 필요한 공간은 얼마일까요? 이 대답은 여러분이 혼잡한 도시에 사느냐, 아니면 한적한 시골에 사느냐에 따라 달라질 것입니다. 여러분의 나라가 이미 '가득 찼다'고, 어떻게 확신할 수 있습니까? 누구에게 물어보아야 합니까?
- 여러분이 받아들일 사람을 선택해야 한다면, 어떻게 선택하겠습니까? 여자와 아이들만 받겠습니까? 그것은 가족을 붕괴시킨다는 뜻입니다. 숙련된 노동자를 먼저 받겠습니까? 그것은 차별입니다. 인간 생명은 절대적 가치를 갖습니다. 그리스도교 원리는 여러분의 선택에 도움을 줍니다. 정말로 선택해야 한다면, 가장 긴급한 위험에 처한 사람을 선택하십시오. 그러면 선택받지 못한 사람들을 위해서는 무엇을 할 수 있을까요?
- 여러분은 난민 캠프를 방문해 본 적이 있습니까? 많은 경우 생활 환경은 극도로 열악합니다. 우리나라에 큰 타격이 되기에 입국을 허용하지 않고, 그러한 환경에서 살도록 내버려두는 것이 인도적일까요?

여러분이 열심히 일해서 얻은 것을 왜 다른 사람에게 나누어 주어야 할까요? 그런데, 잠시 그들의 입장이 되어 보십시오. 여러분에게 필요한 것은 작은 도움입니다. 자, 이제 스스로에게 어떤 조언을 할 수 있을까요?

요약

낯선 이를 환영하는 것은 그리스도인의 의무입니다.
멀리 떨어져 있든, 우리 곁에 있든, 그들이 처한 자리에서 그들을 도와주어야 합니다.
장기적인 해결책을 찾는다고 지금 도움을 주는 일을 그만두어서는 안 됩니다.

4

이주민을 우리 사회에 얼마나 포용해야 할까요?

'종교적 침략'과 '이주민 폭력'에 어떻게 대응할 수 있을까요?
경제적 이유로 이주한 이들은 거부해도 되나요?

사람들이 이주를 원하는 이유는 다양합니다. 위험에 처해 있는 난민은 긴급한 도움이 필요합니다. 그런데, 이것이 '경제적 이주민'이라고 불리는 이들을 돕지 않는 핑계가 될 수 있을까요? 많은 경제적 이주민은 고국에서 비참하고 가난한 삶을 살았습니다. 이 사실은 우리에게 연대성의 원리를 떠올리게 합니다. 예수님께서는 어려움에 처한 이방인을 맞아들이는 것이 곧 예수님을 맞아들이는 것이라 말씀하셨습니다(마태 25,35).

사회 변화

어떤 사람들은 일자리를 구하기 위해 다른 나라로 이주합니다. 이와 비슷하게 저개발 지역의 사람들은 자신과 가족의 더 나은 삶을 바라면서, 일자리를 구하러 여러분 나라에 왔습니다. 어떤 사람들은 "그들이 우리의 일을 빼앗는다."고 말합니다. 하지만 그들은 자신들이 꺼리는 일을 이주민이 대신해 준다는 사실을 간과하고 있습니다. 청소, 쓰레기 수거, 더러운 일……. 여러분 나라 사람들은 특정한 일자리에 대한 권리를 거기에서 태어나지 않은 사람보다 더 많이 가지고 있을까요? 그들이 사는 곳, 그들이 있는 곳에서 그들을 돕는 것은 좋은 일입니다. 하지만 그들이 이주하기를 원한다면, 그건 그들의 개인적인 선택이 아닐까요? 그리스도교적 관점에서 이민으로 인해 사회 · 문화적 변화가 생기더라도 문제가 되지 않습니다. 어디 출신이든, 우리는 하느님의 형제자매이고 한 가족입니다. 이주민들이 많이 오더라도, 우리는 삶 안에서 하느님의 사랑을 기억하고, 그분의 은총을 받으면서, 올바른 길을 찾을 수 있습니다.

자유

절대적 자유는 없습니다. 베네딕도회의 수도자들도 창립자인 베네딕도 성인에게 수도회 규칙서를 써 달라고 요청했습니다. 왜냐하면 규칙서가 그리스도교적 방식으로 더불어 살아가는 데 도움을 줄 것이라 생각했기 때문입니다. 국법도 비슷한 역할을 합니다. 이민자를 포함한 모든 사람은 그 나라의 법을 따라야 합니다. 예를 들어 종교의 자유와 같은 기본적인 인간 권리를 침해하는 경우를 생각해 봅시다. 자신이 믿는 종교의 전통 의복을 입기 위해서 허락을 얻어야 할까요? 수도복을 입는 가톨릭 교회의 수녀님들과 다를 것이 있습니까?

더 알기

종교 침략과 폭력?

이주민과 난민을 빌미로 '종교 침략'이라고 불평하는 사람들의 목소리를 종종 들을 수 있습니다. 그런데 정작 일부는 그러한 입장에 동조하면서 후한 대가를 받기도 합니다. 단지 일부에게만 해당되는 사실인데, 모든 이주민과 난민에 대한 도움을 포기해야 할까요? 아니면 그들 중 그리스도인만 받아들여야 할까요? '종교 침략'에 대한 가장 좋은 반응은 우리의 신앙을 재발견하고, 오늘날 이 사회 안에서 확신을 가지고 살아가며 이를 나누는 것입니다. 종교 자유의 원리에는 다른 사람들에게 복음을 전하고 우리의 종교를 전파할 권리가 포함됩니다. 개인이 자신의 마음에 따라 응답할 자유를 주기 때문에, 우리는 그리스도인으로서 복음을 전하는 권리를 더욱 적극적으로 이용해야 합니다. 순수한 그리스도교 사회는 존재하지 않지만, 우리는 다른 모든 사람과 마찬가지로 우리의 신앙을 자유롭게 실천하고 선포해야 합니다.

하지만 모든 사람이 신앙을 평화롭게 실천하지 않습니다. 종교의 자유는 중요하지만, 폭력이나 불평등을 조장하는 종교를 허용해야 합니까? 프란치스코 교황님께서는 이집트에서 이주민을 포함한 모든 사람에게 말씀하셨습니다. "우리는 인간 존엄성과 인권 침해를 고발하고, 종교의 이름으로 모든 형태의 증오를 정당화하는 시도를 폭로하며, 하느님을 우상 숭배적으로 희화화하려는 시도를 단죄할 의무가 있습니다."

범죄자?

개인이 저지른 일로 그가 속한 공동체 전체를 비난하는 것은 인간의 일반적인 결점입니다. 개인적 책임이 얼마나 중요한지 알지만, 이는 매우 비그리스도교적인 행위입니다. 이민자 가운데 급진적인 호전주의자가 있다면 즉시 막아야 합니다. 난민 중에 범죄자가 있다면, 그는 죄의 정도를 고려하여 정의롭게 재판을 받아야 합니다. 굶주린 이가 그들의 자식을 먹이기 위해 곡식을 훔쳤다면 불의한 사회를 비난해야 합니다. 예수님께서는 때때로 좋은 밀 가운데 가라지가 자랄 수 있다고 말씀하셨습니다(마태 13,29-30). 성경은 난민 지위를 악용하는 몇몇 문제 때문에 아예 문을 닫으라고 하지 않습니다. 오히려 가라지가 밀에게 해를 끼치지 않도록 조심스럽게 다루어야 한다고 말합니다.

더 읽어 보기

#TwGOD 2.1; #OnlineSaints 2.43.
(불)평등 & 이민: CCC 360-361, 1934-1942;
CCCC 68, 412-414; YOUCAT 61, 330-331;
DOCAT 58-60 & 248-250.

기도하기

아버지, 제가 궁핍한 이들을 환대하고,
그들이 당신께서 창조하신 그대로의 자신으로
살아갈 자유를 주도록 도와주소서.
또한 신앙의 아름다움을 친절하게 나누도록
저를 이끄소서.

가정 규칙

여러분은 집에 오는 손님을 무조건 받아들이시나요? 아마도 손님들이 따라야 할 몇 가지 가정 규칙이 있을 것입니다. 또한 여러분은 그들이 자기 집처럼 편안함을 느낄 수 있도록 충분한 자유도 줄 것입니다. 이민자의 사회 통합 문제도 이와 크게 다르지 않습니다. 이 사회에 새로 들어온 사람들은 다른 모든 사람과 마찬가지로 법을 준수해야 합니다. 하지만 그들은 자기들에게 익숙했던 법이나 관습과 다른 것을 배우려면 도움과 배려가 필요합니다. 어떤 사람들에게는 현지 언어를 배우는 것이 어려울 수 있습니다. 그것이 그들을 돌려보낼 이유로 충분합니까? 통합과 문화 적응은 중요합니다. 하지만 그들이 자신의 언어와 문화를 포기해야 합니까? 문화 적응은 양방향 과정으로, 이를 통해 모든 이가 새로운 것을 배울 수 있습니다.

인용문

통합은 동화同化가 아닙니다.

“통합은 이주민들이 자신들의 문화적 정체성을 억압하거나 잊게 만드는 동화가 아닙니다. 오히려 타인과의 접촉은 그들의 ‘비밀’을 발견하고, 그들의 긍정적인 면을 받아들이기 위해서 개방하도록 이끌며, 서로에 대해 더 잘 알게 합니다. 통합은 사회와 문화를 형성하고, 그것들이 인간에게 주신 하느님의 다양한 선물을 더욱 잘 반영하도록 만드는 기나긴 과정입니다. 이 과정에서 이주민은 사회적 포용을 위해 필요한 조치를 취하는 데 열의를 가지고 있습니다. 그 나라의 언어를 배우고, 직장의 법과 요건을 준수하여, 과도한 구별의 발생을 피하고자 합니다.

우리 사회는 세계적인 이주 현상이라는 특징을 갖는 데, 개인은 자기 정체성의 존중과 타인의 정체성의 인정 사이에서 적절한 균형을 찾아야 합니다. 우리가 가야 할 길은 진정한 통합에 이르는 길이며, 오직 이주민과 지역 주민의 차이점만 고려하는 것을 거부하는 개방된 전망입니다. 그리스도인은 모든 피조물에 대한 그리스도의 복음 선포를 포기할 수 없습니다(마르 16,15). 물론 다른 사람의 양심을 존중하며 선포해야 합니다.”

[요한 바오로 2세 교황, 제91차 세계 이민의 날, 1-3항]

성인

거룩한 노예와 이주민

바키타는 아프리카에서 유럽으로 끌려와 노예가 되었습니다. 그녀는 특별한 훈련을 받지 못했고, 특별한 기술도 가지지 못했습니다. 그런데 이탈리아의 한 수도원에서 그녀를 따뜻하게 맞아들였고, 그 수도원의 수녀님들은 그녀를 주인에게서 보호해 주었습니다. 바키타는 수녀님들의 생활 방식에 알맞게 변화하여 수도 서원을 하였고, 신앙을 살아가는 자신의 방식으로 수도원에 새로움을 가져다주었습니다.

생각하기

- 이민자들은 여러분의 문화를 얼마나 더 풍요롭게 만들었습니까?
- 이민과 범죄 사이에 연관성이 있다고 생각 하십니까? 그 이유는 무엇인가요?
- 정부가 지역 빈민보다 이민자에게 더 좋은 집을 준다면, 이것은 그리스도교적인 정책일까요?
- 정부는 이민자의 수를 제한해야 할까요? 적정 수는 얼마일까요? 그 이유는 무엇인가요?

실천하기

통합 아니면 문화적 다양성?

영국 여왕은 한 국가의 원수를 맞이하기 위해 성대한 만찬을 준비했습니다. 테이블 위에는 코스 요리 사이에 손을 씻을 수 있도록 물을 담은 사발이 놓여 있었습니다. 대화가 매끄럽게 이어지던 중, 모든 사람이 일제히 숨을 죽였습니다. 방문객이 손 씻는 물을 마셨기 때문입니다. 영국에서는 이것이 큰 실례로 여겨지며, 이 일은 해당 나라의 예절을 몰라 생긴 것이었습니다. 오직 여왕만이 침착했습니다. 여왕은 조심스레 사발을 들어 한 모금 마심으로써, 외교 사고를 피할 수 있었습니다. 하지만 더 중요한 것은, 손님의 명예가 지켜졌다는 사실이었습니다!

- 이 사례를 통해서, 이주민과 난민 수용 문제에 격렬하게 논쟁하는 대신 침착하고 예의 있게 대응하는 법을 배울 수 있습니다. 시간이 지나면서, 그들의 관습 중 일부는 이 사회에 받아들여지고, 새로움을 줄 수 있습니다.
- 여러분이 서양인이라면, 젓가락을 사용하는 아시아 국가에 초대받았을 때 비슷한 일이 일어날 수 있습니다. 세심한 주인은 여러분의 접시 옆에 조용히 포크를 놓아 줄 것입니다! 이를 이주와 문화적 다양성이라는 주제에 어떻게 적용할 수 있을까요?
- 여러분은 이주민들이 도착한 사회를 어떻게 보는지 생각해 본 적이 있습니까? 이곳에서 행복할까요? 집처럼 편안하게 느낄까요? 여러분의 관습이 얼마나 낯설까요? 그들이 자신들에게 익숙한 것을 얼마나 그리워할지 생각해 보셨나요?

교회는 사람들을 차별 없이 도와줍니다. 먼 나라에 사는 이들도, 그리고 우리 사회 가까운 곳에 사는 이들도 똑같이 도와줍니다. 이민자들도 도움이 필요할 때 교회에 의지할 수 있습니다. 이러한 도움이 필요한 지역 교회를 위해 우리는 무엇을 할 수 있을까요?

요약

통합은 양방향 과정입니다.
받아들이는 국가와 이민자 모두를 풍요롭게 하는 과정입니다.
모든 이에게 공평한 기회가 주어져야 하며, 잘못을 저지른 사람은 누구나 교정되어야 합니다.

청년이 알아야 할

사회교리

Q&A

여러분의 이웃은 하느님이십니다

돌봄과 인간의 책임 : 환경과 동물

5

왜 환경을 돌봐야 할까요?

기후 위기는 사실일까요? 환경을 돌보는 행위와 연대는 어떻게 연결될까요? 새로운 행성을 찾아야 할까요?

바오로 6세 교황님께서는 사회가 기술과 경제 발전만을 중시하는 점에 주목하시고, '하나하나의 인간, 그 인간들의 집단, 나아가서는 인류 전체'를 목표로 하는 '온전한 인간 발전'에 대해 말씀하셨습니다(〈민족들의 발전〉 14항). 예수님께서는 우리가 충만한 삶을 살기를 원하십니다(요한 10,10). 우리는 인간 삶의 모든 측면, 즉 사회적 · 경제적 · 정치적 · 기술적 · 문화적 · 환경적 · 관계적 · 개인적 · 영적 측면을 예의 주시해야 합니다. 인간에 대한 '전체론적' 접근 방식은 새롭지 않습니다. 예를 들어 오랜 역사를 가진 가톨릭 교육에는 대부분 이 방식이 포함되어 있습니다. 온전한 발전이라는 개념은 이 책의 내용 대부분과 관련됩니다. 환경에 대해서 말할 때, 그리스도인은 사회적 · 인간적 차원을 결코 잊어서는 안 되며, 통합적 생태학을 추구해야 합니다.

생태적 회심

최근 여러 교황님께서는 '생태적 회심'을 촉구하셨습니다. 프란치스코 교황님께서는 생태적 회심을 "기아와 식량 불안, 지속적인 사회 · 경제적 어려움, 생태계 파괴, '쓰고 버리는 문화'와 같은 문제를 극복하기 위한 마음과 정신의 변화"라고 정의하셨습니다. 하느님께서 창조하신 '우리 공동의 집'인 지구를 돌보는 일은 다양한 사회적 문제와 연결되어 있으며, 모든 그리스도인의 의무입니다. 여기에 지구 온난화 및 기후 변화와 맞서 싸우는 것도 포함됩니다. 과학자들은 이 문제들이 인간 활동의 결과인지, 아니면 자연적 변화의 결과인지 여전히 논쟁합니다. 하지만 우리의 쓰고 버리는 생활 방식이 환경에 큰 영향을 미친다는 것은 분명한 사실입니다. 또한 기후 변화의 첫 번째 희생자가 가난한 이들이라는 것도 명백합니다.

어떻게 이것이 그리스도교적인가요?

"생태학적 논쟁은 주로 정치적이고 이념적 논쟁이다."라는 말을 종종 듣습니다. 하지만 그리스도인들이 이 논쟁에 참여해야 할 당연한 이유가 있습니다. 성경은 땅을 파괴하는 자들에게 회개하지 않으면 멸망할 것이라고 경고합니다(묵시 11,18). 이러한 파괴는 여러 형태로 나타납니다. 하느님께서 세상을 창조하실 때, 날마다 쉬시면서 창조하신 것을 보시니 모든 것이 참 좋았습니다(창세 1,10). 그리고 인간에게 모든 창조물을 다스리는 책임을 주셨습

더 알기

종말이 가깝습니까?

종말을 예고하는 예언자들은 인류가 살아남기 위해서 빨리 다른 행성을 찾아야 한다고 경고합니다. 낡은 행성을 버리고, 새로운 행성을 찾는 지구를 버리는 행위는 '쓰고 버리는 문화'의 절정이 될 것입니다. 정말로 너무 늦은 걸까요? 어떤 예언에 따르면 그런 것 같습니다. 그러나 자연은 우리 생각보다 더 강한 회복 탄력성을 증명하기도 합니다. 또 예수님께서는 잘못된 길에서 돌아서기에 결코 늦은 때란 없다고 가르치십니다(루카 15,20; 2베드 3,9). 그러니 우리 모두 힘을 합쳐 변화를 만들어봅시다. 우리를 위해 세상을 창조하신 하느님께서는 우리와 세상이 멸망하도록 내버려두시는 분이 절대 아닙니다. 희망은 그리스도교의 중요한 덕입니다(히브 6,19). 전혀 늦지 않았습니다. 지금 시작합시다!

니다(창세 1,28-30; 2,15). '청지기'인 우리는 삶에 필요한 것을 자연에서 얻고 창조물을 돌보아야 합니다(#TwGOD 4.48). 지구는 우리에게 맡겨진 포도원과 같아서, 우리는 가능한 한 가장 좋은 열매를 맺어야 합니다(마태 21,33-41). 자연은 우리에게 맡겨졌지만, 우리가 소유권을 주장할 수 없습니다. 모든 것은 오직 예수님 안에서 만들어지고 지속됩니다. 그래서 우리가 지구를 혹사한다면, 그것은 예수님을 혹사하는 것입니다(콜로 1,16-17). 반대로 창조물을 돌보는 것은 하느님께서 정말 많이 사랑하시는 것을 돌보는 것입니다.

연대

세계 인구의 1/4도 안 되는 사람들이 전 세계 80%의 자원을 소비하는 일이 과연 정당한 일일까요(국제 식량 기구 자료 참조)? 이는 하느님의 선물인 창조물을 형제자매들과 공평하게 나누려는 우리의 생각에 부합하나요? 우리가 추구해야 할 온전한 발전은 모든 인류를 포함해야 하는데, 몇 가지 심각한 문제가 발생합니다. 오직 연대만이, 세상에서 가장 가난한 이들과의 연대만이 거대한 불의를 해결할 수 있습니다.

환경 보호를 위해서 정말 필요한 조치를 시행한다면, 이러한 조치는 가장 부유한 국가에게 최대한 엄격하게 적용되고, 다른 국가에게는 더 발전할 수 있도록 어느 정도의 여지를 주어야 합니다. 물론 이러한 조치는 경제적 손해를 가져올 수 있습니다. 하지만 기억하십시오. 연대는 다른 사람을 위해 무엇인가를 포기하는 것을 의미합니다. 그리스도교적 관점에서 이것이 바로 발전입니다. 사회 전체의 삶이 향상될 것입니다. 이러한 발전은 이 땅에서 천국을 미리 맛보게 해 줍니다(루카 17,21).

더 읽어 보기

#TwGOD 4.36, 4.48; #OnlineSaints 1.36.
창조물 돌보기: CCC 2415; CCCC 506;
YOUCAT 436; DOCAT 256-269.

기도하기

하느님, 창조의 선물에 감사드립니다.
모든 사람의 온전한 발전에 예리한 시선을 가지고,
전 세계가 함께 연대하여 이 선물을
보호하고 나눌 수 있도록 도와주소서.

변화 일으키기

프란치스코 성인은 하느님을 깊이 사랑했습니다. 그 결과 사람과 동물, 하느님께서 창조하신 모든 것을 깊이 사랑하게 되었습니다. 프란치스코 성인은 말과 단순한 삶의 방식을 통해, 사랑과 희망이라는 그리스도교적 메시지를 선포했습니다. 성인이 뒤로 물러나 한숨을 쉬며, '이것이 세계적 차원에서 어떤 변화를 일으키겠어?'라고 말하는 모습을 한 번 상상해 보세요. 하지만 그는 그렇게 하지 않았습니다. 그는 자신이 할 수 있는 일을 통해 800년이 넘는 세월 동안 사람들에게 영향을 주었습니다. 여러분은 스스로를 새로운 프란치스코로 생각하지 않겠지만, 분명히 우리도 변화를 일으킬 수 있습니다!

인용문

모든 인류를 위하여

"스스로 자연을 불법 사용함으로써 자연을 파괴할 위험에 직면하고 인간 스스로가 도리어 이런 타락의 희생물이 될 위험도 없지 않음을 느끼게 되었다. 이것은 전 인류 가족에 관계되는 광범한 사회 문제인 것이다. 그리스도인은 이 같은 새로운 전망에 관심을 모으고, 이제 공동 운명이 되어 버린 이 상황에 다른 사람들과 함께 책임을 나누어 져야 하겠다.

[바오로 6세 교황, 〈팔십주년〉, 21항]

"땅과 바다, 기후, 식물계와 동물계에 가해지는 심각한 파괴의 위험은 모든 나라, 특히 부유한 국가들에게 현대 문명의 전형적인 소비주의 생활 방식을 근본적으로 바꾸도록 요구합니다. 세계의 현재와 미래는 창조의 보전에 달려 있습니다."

[요한 바오로 2세 교황, 제31차 세계 평화의 날 담화, 10항]

"기후 변화, 사막화, 광활한 농촌 지역의 황폐화와 생산량 감소, 하천과 지하수 오염, 생물 다양성의 상실, 자연 재해 증가, 적도와 열대 우림 지역의 남벌과 같이 현실과 관련된 문제들에 대해 우리가 어찌 무관심할 수 있겠습니까?"

[베네딕토 16세 교황, 제42차 세계 평화의 날 담화, 4항]

성인

기도, 책임, 행동

사람들 대부분이 환경을 다루는 방식이 지구에 미치는 영향에 대해 아직 깨닫지 못했던 시기에, 바오로 6세 교황님께서는 예언자적 말씀을 전하셨습니다. 교황님께서는 우리 시대가 제기하는 새롭고 복잡한 문제들에 큰 관심을 기울인 최초의 현대 교황이십니다. 그는 '기도하고, 책임지고, 행동하라'는 촉구로 응답하셨습니다.

생각하기

- 여러분은 지구 온난화에 대해 걱정하고 있나요?
- 세계적인 자연 위기에서 어떤 교훈을 배울 수 있을까요?
- 환경 오염은 누구의 책임이 먼저일까요? 개인 아니면 정부? 그 이유는 무엇인가요?
- 민족 혹은 나라 사이에 국제적 연대가 실제로 가능할까요? 어떻게 할 수 있을까요?

실천하기

어떻게 환경을 살릴 수 있을까요?

그리스도교적 연대는 전 세계적인 자원의 과감한 재분배를 요구합니다. 인간의 존엄성을 진지하게 생각한다면, 부자들의 생활 수준을 그대로 유지하는 것은 도덕적이지 않습니다. 우리는 무엇을 할 수 있을까요?

- 과소비는 심각한 문제입니다. 예수님께서는 과소비에 대해 꾸짖으셨습니다(루카 12,15). 몇 년마다 가구를 바꿀 수 있지만, 페인트칠을 해서 다시 쓸 수도 있습니다. 고쳐 쓰는 것도 하나의 선택 아닙니까? 여러분은 무엇을 포기할 수 있습니까?
- 자연을 파괴하거나 오염을 유발하는 제품에 대한 불매 운동이 도움이 됩니다. 지역 사회 전체가 동참한다면 그 효과는 더욱 커집니다. 여러분이 사용하는 제품은 어떻습니까? 여러분의 부엌에 있는 제품 중 무엇을 친환경 제품으로 바꿀 수 있습니까?
- 지역 농산물을 구매하면 농부는 활기를 띠고, 장거리 운송은 필요 없습니다. 그러나 많은 에너지를 사용하는 온실에서 농산물이 재배된 것이라면, 이러한 이점은 사라집니다. 그래서 식단을 구성할 때 제철 농산물을 활용하는 것이 좋습니다. 이는 우리가 심는 때와 거두는 때(코헬 3,2)라는 자연 주기에 더 가까워지도록 도와줍니다.
- 환경에 큰 영향을 끼치는 여행은 땅을 오염시키지 말라는 성경의 가르침(민수 35,34)과 모순되는 것 같습니다. 여행을 줄일 수 있을까요? 혹은 여행을 하면서 다른 방식으로 환경에 대한 책임을 다할 수 있을까요?

친구나 가족과 더 깊이 고민해 본다면, 여러분은 더욱 생태적인 방식의 삶과 신앙을 실천할 새로운 길을 금방 찾을 수 있습니다. 언제 어디서나 기도하고 여러분의 이웃을 돌보는 것을 잊지 마십시오!

요약

하느님께서는 우리 '공동의 집'을 창조하셨습니다.
우리는 삶과 신앙의 모든 측면에 대한 온전한 관심을 가질 때, 함께 성장할 수 있습니다.
그리스도인은 모든 사람의 유익을 위해서 지구를 보존해야 합니다.

6

음식과 물을 낭비하는 것이 왜 그렇게 큰 죄일까요?

재활용과 재생 가능한 에너지가 중요한가요?
자연 친화적인 방식으로 살아갈 여유가 없다면 어떻게 해야 할까요?

재활용이 그리스도교의 가르침일까요? 지구와 지구의 모든 것이 하느님께서 우리 모두에게 주신 선물임을 기억해야 합니다. 그분의 선물을 낭비하고 훼손하거나, 오직 우리만을 위해 쌓아 둔다면, 이 모든 것을 베풀어 주신 분에 대한 사랑이 부족한 모습이고, 감사할 줄 모르는 일입니다(1베드 4,10). 통합적 생태학이란 우리가 모든 사람과 모든 것의 안녕을 위해 관심을 기울이는 것을 의미합니다. 예수님께서는 우리가 받은 선물과 빛을 모든 사람의 유익과 하느님의 영광을 위해서 사용하라고 촉구하십니다(마태 5,16).

전 세계적 상황을 보면, 자원과 기회는 재분배되어야 합니다. 새로 채굴한 원자재로 만든 제품보다, 재활용 재료로 만들어진 제품을 선택한다면, 변화는 실제적입니다. 태양, 바람, 파도와 같은 재생 가능 에너지원을 사용합시다. 이러한 에너지가 더 비쌀 수 있지만, 하느님의 창조물인 공동의 집을 돌보기 위한 그리스도인의 의무이며 투자로 생각할 수 있습니다.

공동체의 영향

여러분은 "내가 하는 작은 일이 무슨 영향을 주겠어요?" 라고 말하지만, 실제로 영향을 줍니다. 공동체의 더 많은 이들이 참여한다면, 그 영향력은 더욱 커질 것입니다. 20억 명이 넘는 그리스도인은 전 세계 인구의 약 1/3에 해당합니다. 그리스도인 모두 재활용하고 재생 에너지를 사용한다고 상상해 봅시다. 세상에 얼마나 큰 영향을 주겠습니까? 그리고 다양한 방식으로 어려움에 처한 형제자매와 연대한다면, 우리는 더 나은 세상을 위해 진정으로 기여하는 것입니다. 그 시작은 여러분 개인의 실천입니다!

식품 산업 낭비

세계에서 생산되는 모든 식품의 약 1/3은 섭취되지 않고 버려집니다. 일부는 부주의, 과잉 생산, 상업적 선택 등으로 생산 및 배송의 여러 단계에서 사라집니다. 여러분에게 저녁까지 신선하고 다양한 식품을 제공하기 위해, 슈퍼마켓에서 얼마나 많은 식품이 버려지는지 아시나요? 유통 기한이 임박하지만 먹는 데 전혀 문제가 없는 음식을 가난하고 굶주린 사람들에게 제공하는 푸드 뱅크와 무료 급식소는 통합적 생태학의 좋은 예입니다. 이러한 활동의 대다수가 그리스도인들에 의해 시작되었습니다.

더 알기

제로 웨이스트zero waste를 향하여

우리가 먹는 음식은 하느님의 선물이고, 땅과 인간 노동의 결실입니다. 그래서 우리 가정의 쓰레기는 없어야 합니다. 적은 양이라도 좋은 음식을 버리는 일은 우리에게 깊은 상처를 줍니다. 냉장고에 다른 식자재 뒤에 놓인 채소가 버려지는 것을 방지하는 여러 방법이 있습니다. 적당한 양으로 장보기와 재고 관리 앱, 재료와 유통 기한을 관리해 주는 냉장고까지 다양합니다. 유통 기한은 중요한 지표이지만, 동시에 음식물 낭비의 원인입니다. 경우에 따라서 유통 기한이 지난 후에도 제품을 먹을 수 있습니다.

저녁 식사 후 남은 음식을 다음 날 점심이나 간식, 국거리로 사용할 수 있고, 다른 남은 음식과 함께 '이번 주 저녁 식사 복습'으로 사용할 수 있습니다. 어떤 것도, 심지어 식탁 아래 떨어지는 부스러기조차도 버리지 않는 것은 성경의 가르침입니다(마태 15,26-27). 아쉽게도 음식을 버려야 할 때, 어떻게 버려야 할지 고민해야 합니다. 퇴비로 사용하면 땅에서 생산된 것을 다시 비옥한 땅으로 되돌릴 수 있습니다. 우리는 그리스도인으로서 지금 당장 생태적 삶을 시작해야 합니다. 음식물을 아끼고 잘 사용하며 하느님께서 주신 좋은 선물을 하나도 낭비하지 않아야 합니다.

음식 낭비는 죄인가요?

음식 낭비라는 죄와 싸우는 것은 그리스도교적인 행동입니다. 예수님께서는 오천 명을 먹이신 후, "버려지는 것이 없도록 남은 조각을 모아라."(요한 6,12) 하고 말씀하셨습니다. 어떻게 아버지께서 주신 음식을 버릴 수 있겠습니까? 우리도 마찬가지입니다. 부모님들은 "밥 남기지 마라. 세상 어딘가에는 굶어 죽어 가는 아이들이 있단다."라고 가르칩니다. 이 말씀은 조금 우스꽝스럽게 들릴 수 있습니다. 오늘 밤 여기에서 내 밥그릇을 깨끗이 비운다고, 저 멀리 사는 사람의 배고픔을 달랠 수 있겠습니까? 하지만 속뜻이 중요합니다. 우리가 많이 낭비할수록, 세계의 다른 이들이 사용할 수 있는 자원은 줄어듭니다. 그래서 프란치스코 교황님께서는 음식을 버리는 것은 가난한 사람에게서 음식을 훔치는 것과 같다고 말씀하셨습니다.

더 읽어 보기

#TwGOD 1.5, 3.19, 4.48; #OnlineSaints 1.37.
자연 질서: CCC 339-346; CCCC 64; YOUCAT 45.

기도하기

하늘과 땅의 주님, 당신께서는
우리에게 세상을 돌보는 직무를 맡기셨습니다.
제가 자원 사용을 줄이고,
모든 형태의 낭비와 싸우며, 다른 사람과 이 자원을
더 많이 나눌 수 있도록 도와주소서.

푸른 금

모든 생명체에게 꼭 필요한 물을 낭비하는 일은 죄입니다. 놀랍게도 전 세계 인구의 1/3은 오늘날에도 마실 수 있는 깨끗한 물을 구할 수 없습니다. 강, 호수, 심지어 바다까지 인간에 의해 오염되고 있기 때문에, 깨끗한 물은 점점 더 귀해집니다. 물이 점점 더 '푸른 금'이 되어 간다는 사실에는 큰 위험성이 도사리고 있습니다. 곧 물 부족으로 가장 먼저 고통을 받는 사람은 가장 가난한 사람들이고, 힘 있는 자들은 자연의 다른 보물들을 얻기 위해 싸우듯이, 물을 두고도 그럴 것입니다. 우리 그리스도인은 세례의 물을 통해 예수님 안에서 새 생명을 얻습니다. 성수는 그 중요한 순간을 기억하게 합니다. 우리는 소중한 물이 버려지거나 오염되는 것을 막고, 세상의 모든 사람이 물을 사용할 수 있게끔 도와야 할 거룩한 의무가 있습니다. 우리는 무엇을 할 수 있을까요?

인용문

인간 생태학

"우리는 자연의 언어에 귀를 기울여야 하고, 적절하게 응답해야 합니다. 인간의 생태학도 있습니다. 인간에게도 존중해야 할 본성이 있으며, 그 본성은 마음대로 조작할 수 없습니다. 인간은 스스로 창조하는 자유가 아닙니다. 사람은 스스로를 창조하지 않습니다. 인간은 이성과 의지일 뿐만 아니라, 본성이기도 합니다. 인간이 자신의 본성을 존중하고, 본성에 귀를 기울이며, 스스로를 창조하지 않은 존재로서의 자신을 있는 그대로 받아들일 때, 그의 의지는 올바르게 질서 지워집니다. 바로 이 방식으로 진정한 인간의 자유가 실현됩니다."

[베네딕토 16세 교황, 독일 연방 의회 담화, 2011년 9월 22일]

"우리는 식료품부터 시작하여 온갖 낭비의 형태를 느끼지 못하게 되었습니다. 노인을 고독의 슬픔에 방치하는 것과 함께 인구 고령화를 불러오는 출산율 저하는, 모든 것이 우리와 함께 끝나고 우리의 개인적인 이해관계만이 중요하다는 것을 은연중에 확인시켜 줍니다. 폐기의 대상은 음식이나 남는 물건만이 아닙니다. 인간 존재도 흔히 폐기의 대상이 되고는 합니다."

[프란치스코 교황, 〈모든 형제들〉, 18-19항]

성인

창조물 안에서 하느님을 찾기

아메리카 원주민 카테리 테카크위타Kateri Tekakwitha는 자연과 조화를 이루고 살았습니다. 환경에 과도한 피해를 주지 않으면서 필요한 것을 사용했습니다. 그녀는 숲에서 하느님을 찾곤 했는데, 하느님께서 당신의 창조물 안에서 어떻게 현존하시는지 드러내기 위해서 숲 안에 작은 십자가들을 세웠습니다.

생각하기

- 여러분은 무엇을 재활용합니까? 왜 재활용하시나요? 더 많이 할 수 있을까요?
- 여러분은 가끔 음식을 버립니까? 이런 습관을 고치길 원하나요?
- 어떤 대체 에너지 자원을 선택하겠습니까? 선택하지 않을 자원은 무엇이며, 그 이유는 무엇인가요?
- 사람들이 쓰레기를 줍는 일로 생계를 유지할 수 있다고 생각하십니까? 그것은 좋은 일입니까?

실천하기

나는 친환경 방식으로 살아갈 여유가 있습니까?

과도한 지출 없이 할 수 있는 일이 많습니다. 다음 사항들이 몇 가지 아이디어에 도움이 될 수 있습니다.

- 계절 상품은 에너지가 덜 들고, 보통 더 저렴합니다. 장바구니를 가져가면, 일회용 봉투 사용을 하나 줄일 수 있습니다. 이런 간단한 방법으로 할 수 있는 일이 무엇이 더 있을까요?
- 물도 신경을 써야 합니다. 여러분은 플라스틱 쓰레기를 줄이기 위해서 플라스틱 물병 구입을 자제합니다. 그렇다면 샤워 시간을 줄이거나, 양치질할 때 수도꼭지를 틀어 놓는 것을 생각해 보셨나요? 형제자매들을 위해 물을 절약할 수 있는 간단한 방법으로 무엇이 있을까요?
- 일반 가정에서 매일 쌓이는 플라스틱 쓰레기의 양은 엄청납니다. 이를 줄이기 위해 무엇을 할 수 있을까요? 어떻게 하면 에너지 사용량을 줄일 수 있을까요? 예를 들어 냉난방 사용량을 어떻게 줄일지 생각해 보셨나요? 혹은 천천히 운전해 보셨나요?
- 분리배출이 귀찮게 느껴질 수 있습니다. 그렇다면 이를 기도의 기회로 삼아 보세요. 예를 들어 종이나 플라스틱 쓰레기를 분리하여 버릴 때마다, 주님의 기도를 바치는 것입니다.
- 재활용품을 얼마나 자주 구매하시나요? 음식물 낭비에 대해서는 이번 장에 이미 언급했습니다. 그 외에 무엇을 할 수 있을까요?

이는 그리스도인들에게만 해당되지 않습니다. 하지만 우리는 하느님께서 우리에게 주신 위대한 선물인 창조물을 보존하는 데 구체적으로 기여하는 방법들을 더 많이 탐구하려는 열정을 가져야 합니다.

요약

그리스도인의 의무는 지구의 자원과 열매를 낭비하지 않는 것입니다.
우리 모두 할 수 있습니다. 통합적 생태학은 부자와 가난한 자의 연대를 포함합니다.

7

예수님께서는 비건이셨을까요?

그리스도인은 채식을 해야 할까요? 창조물을 잘 돌보기 위해서는 채식주의 식단을 해야 할까요? 왜 성경은 동물을 희생 제물로 바쳤을까요?

고기를 적게 먹어야 하는 이유는 동물 복지, 높은 가격, 고기 생산에 필요한 막대한 에너지와 자원, 환경에 미치는 영향, 건강 문제 등으로 많습니다. 하지만 성경에서도 이유를 찾을 수 있을까요? 성경에서 고기를 먹는 것은 문제가 되지 않습니다. 하느님께서는 노아에게 이렇게 말씀하셨습니다. "살아 움직이는 모든 것이 너희의 양식이 될 것이다. 내가 전에 푸른 풀을 주었듯이, 이제 이 모든 것을 너희에게 준다."(창세 9,3) 그래서 인간은 잡식 동물처럼 모든 것을 먹을 수 있습니다. 하느님께서는 광야에서 당신 백성에게 아침에 빵을, 저녁에 고기를 주셨습니다(탈출 16,12). 하지만 모든 고기를 먹을 수 있는 것은 아니었습니다(레위 11,7-8).

무엇이든지 드시는 예수님

이스라엘 백성이 이집트에서 탈출하기 직전, 하느님께서는 모든 가족이 어린양을 잡아 준비해서 먹으라고 명하셨습니다. 이스라엘 백성은 매년 유월절Pesach에 쓴 나물과 어린양을 먹으며 하느님께서 그들을 구원하신 사건을 기념했습니다(탈출 12,3-14). 예수님께서는 제자들과 유월절을 지내시며 어린양을 드셨고(루카 22,8), 물고기도 드셨습니다(루카 24,41-43). 그러므로 예수님께서는 비건도 채식주의자도 아니십니다. 예수님께서 모든 음식은 깨끗하다고 말씀하셨습니다. 모든 것은 먹을 수 있으며, 돼지고기도 당연히 포함됩니다(마르 7,15-19). 더러움은 오히려 사람들의 마음에서 비롯된다고 이르셨습니다.

채식주의 그리스도인?

하느님께서는 채식주의자나 비건으로 살라고 하지 않으십니다. 그러나 고기를 먹는 데 있어 절제가 필요하다는 타당한 근거가 있습니다. 베네딕도 성인은 수도자들에게 주로 채식을 하라고 가르쳤습니다. 트라피스트회와 카르투시오회 같은 봉쇄 수도회는 엄격하게 금육을 지키고, 때로는 유제품도 금합니다. 프란치스코 성인은 동물을 형제자매처럼 사랑했지만 채식주의자는 아니었습니다. 그러나 그는 금식과 나눔을 통해서 고기와 생선을 먹는 것을 절제하려고 노력했습니다. 결론을 내리자면, 가끔 주일에 오븐에 구운 고기를 먹는다고 죄책감을 느끼지 않으셔도 됩니다. 동시에 고기보다 채식을 더 많이 하면서, 절제와 금식이라는 그리스도교적 전통을 고수하는 것은 영성 생활, 더 공정한 재화 분배, 환경에 좋은 영향을 미칠 수 있습니다.

다툼은 안 돼!

바오로 사도는 고기를 선호하는 사람과 채소만 먹는 사람들이 다퉈서는 안 된다고 말했습니다(로마 14,1-4). 그는 고기를 먹었지만, 다른 사람들을 죄에 빠뜨리느니 차라리 고기를 멀리하겠다고 말했습니다(1코린 8,13). 채식주의자와 육식주의자 사이의 논쟁은 너그러워야 합니다. 그리스도인은 통합적 생태를 위해 함께 노력하도록 불렸습니다. 동물과 자연에 대한 관심은 식량, 부, 기회가 세계적으로 더 공정하게 분배되어야 하는 문제와 필연적으로 연결됩니다. 하느님께서는 모두를 위해 온 세상을 창조하셨고, 그 창조물을 우리에게 맡기셨다는 사실을 기억하십시오. 예를 들어 우리가 사람들을 굶어 죽게 내버려둘지, 고기를 먹일지 선택해야 한다면, 우리는 당연히 후자를 선택해야 합니다. 하지만 우리가 매일 먹는 고기 한 조각을 생산하기 위해서 소중한 음식이 굶주린 사람들이 아니라 동물들에게 주어진다면, 그리스도인은 고기를 절제하거나 아예 먹지 않는 것으로 응답해야 합니다.

더 알기

희생 제물로 바쳐진 동물들

구약 성경에서 하느님께서는 희생 제물로 동물을 바치라고 요구하셨습니다. 이는 지금의 시각으로 보면 야만적입니다. 하지만 어떤 면에서 오늘날에도 동물들은 우리의 안녕을 위한 '희생 제물'이 됩니다. 음식, 옷, 신발, 약을 위해 동물들이 희생됩니다. 적어도 이러한 희생이 유용한 목적을 지니고 있습니다. 그런데 왜 성경에는 겉보기에 무의미한 동물 희생 제사가 있을까요?

이는 죄의 참혹함을 떠올리게 합니다. 동물들은 인간의 죄를 대신하여 희생되는 제물이 되거나 사람의 죄를 대신 지고 광야로 쫓겨나는 '속죄 염소'가 되었습니다. 이는 속죄와 하느님과의 관계 회복을 위한 것이었습니다(레위 16,6-10; #TwGOD 1.19). 이러한 피비린내 나는 끔찍한 치유법은 죄가 얼마나 끔찍한 것인지 보여 줍니다(#TwGOD 4.13). 예수님께서는 "내가 바라는 것은 희생 제물이 아니라 자비다."(마태 9,13)라고 말씀하시면서 이 모든 것을 바꾸셨습니다. 예수님께서는 동물 희생 제사의 관습을 단번에 완전히 깨뜨리셨습니다. 그분은 십자가에서 자신을 최후의 희생 제물로 바치셨습니다(히브 10,14-18).

더 읽어 보기

#TwGOD 1.3, 1.7, 3.19,4.1, 4.9, 4.11;
#OnlineSaints 2.9.
양심 & 자연법: CCC 1749-1754, 1776-1794 & 1949-1960; CCCC 367, 372-376 & 415-417;
YOUCAT 291, 295-298 & 333;
DOCAT 57 & 12, 217.

기도하기

창조주이신 하느님, 당신께서는
살아 있는 모든 존재를 돌보는 일을
저희에게 맡기셨습니다.
먹는 것에 있어서도 당신의 창조물을 존중하며
신중한 선택을 하도록 저를 도우소서.

수요일에는 콩을?

그리스도교에서는 전통적으로 수요일과 금요일에 금식합니다. 금요일에 금육을 하며 생선을 먹는 가톨릭 전통은 완전히 새로운 차원입니다. 금요일에 금육을 하는 것은 성금요일에 예수님께서 겪으신 고난을 기억하는 건강한 영적 실천이며(#TwGOD 3.19,31), 동시에 생태적 선택입니다. 물론 남획 위험이 있는 생선으로 고기를 대체하는 것은 좋은 사례는 아닙니다.

유다가 예수님을 배신한 것은 수요일이었습니다. 그날의 모든 이기적인 선택은 작은 것일지라도 유다의 배신에 동참하는 것입니다. 수요일에 채식이나 비건 식단을 선택하는 것은 예수님께서 여러분에게 얼마나 소중하신 분인지 드러내는 작은 희생 제물이자 기억이 될 수 있습니다. 비록 이것을 희생 제물로 여기지 않더라도, 예수님을 위한 선택으로 기억하게 될 것입니다.

인용문

창조주의 협력자

"천연자원과 관련하여, 특히 산업화의 압력 아래에서 무책임한 '지배' 문화가 강화되어 파괴적인 생태적 결과를 초래했다면, 이는 분명 하느님 계획에 부합하지 않습니다. 창세기의 [그] 유명한 말씀은 인간에게 땅을 이용하라는 것이지 남용하라고 맡기신 것이 아닙니다. 그 말씀은 인간을 세상 통치의 절대적 결정자로 만든 것이 아니라, 창조주의 '협력자'로 세운 것입니다. 이는 놀라운 사명이지만, 동시에 결코 무책임하게 넘어서서는 안 되는 명확한 한계들로 표시된 것이기도 합니다."

[요한 바오로 2세 교황, 농업 세계 희년, 2000년 11월 11일, 4항]

"프란치스코 성인은 피조물과 가난한 이들과 버림받은 이들에게 특별한 관심을 보였습니다. 프란치스코 성인은 통합 생태론이 수학과 생물학의 언어를 초월하는 범주에 대한 개방성을 요청하고 인간다움의 핵심으로 우리를 이끈다는 사실을 우리에게 알려 줍니다."

[프란치스코 교황, 〈찬미받으소서〉, 10-11항]

성인

수도자의 식단

누르시아의 베네딕도 성인은 수도 공동체를 땅에 영구적으로 정착시켰습니다. 그리고 기도 생활과 함께, 자연 주기에 따라 땅을 경작했습니다. "기도하고 일하라 Ora et Labora."(#TwGOD 2.9) 그들은 주로 채소와 유제품으로 식단을 구성했고, 가끔 새나 생선을 곁들였지만, 네 발 달린 짐승은 먹지 않았습니다.

생각하기

- '스테이크를 먹는 것보다 세상 모든 사람이 굶주리지 않는 것이 더 중요하다.' 이 말에 동의하시나요?
- 창조물 자체에 하느님의 흔적이 담겨 있다면, 사람은 동물에게서 무엇을 배울 수 있나요?

- 동물은 다른 동물을 잡아먹는데, 우리는 왜 채식주의자가 되어야 할까요?
- 식당은 채식주의자와 비건을 위한 요리를 의무적으로 제공해야 할까요? 그 이유는 무엇인가요?

실천하기

왜 (더욱) 채식주의자가 되어야 할까요?

그리스도인이 채식 식단을 선호하는 좋은 이유가 있습니다. 성경에 이러한 금지 조항은 없지만, 여러분은 고기와 생선을 많이 먹는 것이 도덕적으로 허용되는지 물을 수 있습니다.

- 이용 가능한 모든 토지의 약 1/3, 모든 곡물의 1/3, 모든 깨끗한 물의 1/6이 가축을 사육하는 데 사용됩니다. 매년 식용으로 사육되는 700억 마리의 동물은 전 세계의 자동차, 트럭, 비행기, 선박 등 운송 수단을 합친 것보다 더 많은 온실가스를 배출합니다. 이것이 창조 세계의 관리자인 우리 그리스도인의 의무와 어떤 관계가 있을까요?
- 대부분의 고기는 공장식 축산과 산업적 도축으로 생산됩니다. 품질, 동물 복지, 환경에 미치는 영향 등을 희생하는 대가로 비교적 저렴한 가격에 고기를 먹을 수 있습니다. 하지만 여전히 채소에 비해 비싸지요. 많은 사람들은 생태적으로 생산된 고기를 살 여유가 없습니다. 고기가 부유층의 특권이 되지 않으려면 산업적으로 생산된 고기를 사는 것을 허용해야 할까요? 아니면 고기를 완전히 적게 먹어야 할까요?
- 남획은 격렬한 정치적 논쟁을 불러일으킬 뿐만 아니라, 생태계에 대한 공격입니다. 예를 들어 끌그물 어업Trawl과 다이너마이트가 해저와 생태계에 미치는 피해를 생각해 봅시다. 대양에서 잡은 생선을 먹는 것이 여전히 도덕적으로 허용될 수 있을까요? 실제로 양식 생선은 얼마나 지속 가능할까요?

가끔 주일이나 기념일에 스테이크를 먹는 것과 매일 고기를 먹는 권리를 주장하는 것은 다릅니다. 양심적인 그리스도인이라면 그렇게 비싼 음식을 매일 먹을 수 있겠습니까? 환경과 인간 건강에 미치는 영향을 알면서도 그럴 수 있을까요?

요약

채식주의나 비건 식단이 전 세계의 더 많은 사람들에게 식량을 제공할 수 있다면, 이는 매우 그리스도교적인 선택입니다! 예수님께서는 비건이 아니셨지만, 동물의 희생 제사를 종식시키셨습니다.

8

판다가 멸종되고 있다는 것이 큰 문제인가요?

야생 동물이 인간 사회를 공격한다면 어떻게 해야 하나요?
동물권의 범위는 어디까지인가요?
원주민들은 사냥을 계속해야 할까요?

자이언트 판다는 불법 사냥과 대나무 숲 벌채로 인해 멸종 위기에 처했고, 20세기 후반 이들을 보호해야 한다는 목소리가 커졌습니다. 판다에게 희망을 주는 좋은 소식이 있습니다. 판다의 대규모 보존 조치가 성공 조짐을 보인다는 것입니다. 이는 인간이 하느님의 창조물에 대한 청지기(창세 1,28) 역할을 수행한 훌륭한 사례입니다. 하지만 인간의 개입과 기후 변화로 인해 코뿔소, 붉은 참치, 북극곰, 벌 등 다른 종들도 심각한 멸종 위기에 처해 있습니다. 멸종 위기에 처한 동식물이 늘어나면서 생태계 다양성이 감소하고 있습니다.

사라져 가는 종種들

예수님께서는 하느님께서 하늘의 새들과 들판의 꽃들을 사랑하고 돌보신다고 말씀하셨습니다. 그리고 하느님 눈에는 우리가 그것들보다 귀중하며, 그래서 우리에게 필요한 모든 것을 주시고자 하신다고 덧붙이셨습니다(마태 6,26-30). 만약 종이 자연적으로 사라진다면 슬픈 일이지만, 이는 자연 법칙의 일부로 받아들여야 합니다. 그러나 만약 인간 때문에 멸종된다면, 우리는 책임져야 합니다. 우리는 하느님께서 맡기신 창조물을 보호해야 할 책임이 있습니다. 우리 삶의 방식이 하느님 창조물의 아름다움을 파괴하고 있음을 깨닫는 것은 정말 마음 아픈 일입니다. 특히 그 방식을 쉽게 바꿀 수 있을 때 그러합니다.

하느님께서는 동물을 돌보시나요?

성경은 동물 복지에 대해서 많이 다루지는 않지만, 그것이 하느님께 중요하지 않다는 뜻은 아닙니다. 오히려 선한 사람들은 동물을 올바르게 대해야 합니다. "의인은 제 가축의 욕구까지"(잠언 12,10) 압니다. 동물을 기르는 사람은 양 떼의 상태를 살피고, 양 떼의 필요를 돌보라는 명령을 받습니다(잠언 27,23). "타작 일을 하는 소에게 부리망을 씌워서는 안 된다."(신명 25,4)는 계명은 짐승에 대한 일종의 자비의 표현입니다. 보상으로 주어야 할 음식을 조금도 먹지 못하게 하는 것은 잔인한 일입니다(1코린 9,9-10). 참새 같은 동물은 사람들 눈에 귀하지 않을 수 있지만, 하느님께서는 그 어떤 것도 잊지 않으십니다(루카 12,6).

무조건은 아니다

때때로 인류의 복지와 동물의 복지 사이에 갈등이 일어나기도 합니다. 예수님께서는 하느님께서 동물을 창조하시고 보살피시지만 인간이 더 소중하다고 분명하게 말씀하십니다(마태 6,26). 인간이 먼저 먹고 돌봄을 받아야 합니다(마태 15,26-27). 만약 사나운 야생 맹수들이 마을 사람들을 위협한다면 그 맹수를 잡아 다른 곳으로 보내야 합니다. 또한 그 위협을 없애기 위해서 맹수를 죽여야 한다면, 그렇게 해야 합니다(1사무 17,34-35). 다른 한편, 우리는 자연과 조화를 이루며 살아가도록 노력해야 합니다. 인간이 짐승의 영역으로 들어가서 우리 자신을 보호하기 위해 모든 짐승을 죽인다고 한다면, 그것이 과연 타당한 일이겠습니까?

더 읽어 보기

#TwGOD 1.19, 1.48, 4.36, 4.48; #OnlineSaints 1.36.
동물 돌보기: CCC 2416-2418; CCCC 507;
YOUCAT 56-57, 437; DOCAT 49, 264.

더 알기

식량을 위한 사냥

동물은 하느님의 피조물로서 권리를 가지지만, 이 권리는 기본적인 인간 권리에 종속되어 있습니다. 여러 세대에 걸쳐 숲이나 지역에 살아온 원주민들을 예로 들어 보겠습니다. 그들은 산업적 규모로 사냥하지 않으며, 자연 속 종의 균형을 매우 존중합니다. 세계 다른 지역에서 동물 복지와 사냥에 대한 관점이 바뀌었다는 이유로 원주민들의 방식을 버리라고 강제하고, 사냥을 금지하는 일이 과연 도덕적일까요? 아니면 특정 종을 보호한다는 이유로 이들을 보호 구역에서 쫓아낼 수 있을까요? 그들은 자신들의 조상이 그 지역에 도착한 후 지금까지 오랫동안 그곳에 살았습니다.

인간은 땅에서 직접 기르거나 키운 것을 먹고 살며, 모든 창조물과 조화롭게 살 자연권을 가지고 있습니다. 하느님께서 노아에게 하신 말씀을 기억하십시오. "살아 움직이는 모든 것이 너희의 양식이 될 것이다."(창세 9,3) 서구 세계에서는 식량을 위해 사냥이 필요하지 않지만, 다양한 종의 균형을 유지하기 위한 살처분 등 사냥을 하는 다른 이유가 있습니다. 한 종류의 동물이 너무 많으면 지역 생태계가 파괴될 수 있습니다. 따라서 우리는 사냥으로 지구를 지키는 역할을 하기도 합니다.

기도하기

사랑하는 하느님, 인간과 동물의 창조주시여,
제가 모든 창조물을 돌볼 수 있도록 도우시어,
그들을 보호하고 보존하면서도 당신의 눈에
인간이 가장 중요하다는 것을 잊지 않게 하소서.

유용한 동물

감시견, 짐 나르는 말, 젖소 등 동물이 우리에게 유용한 예는 무수히 많습니다. 우리는 이러한 동물에게 고마워하고 잘 대해 주어야 합니다. 첫 인류가 죄에 떨어진 후, 하느님께서는 동물 가죽옷을 입히셨습니다(창세 3,21). 동물은 인간 복지를 위해 사용될 수 있습니다. 인간 존엄성은 존중되어야 합니다. 그러나 동물을 잔혹하게 대하고 불필요한 고통을 주는 것은 인간 존엄성에 어긋납니다(CCC 2418항; #TwGOD 1.48). 동물은 때때로 아주 위험하지만, 매우 유용한 경우가 많습니다. 지진 잔해 속에서 사람을 찾거나, 위험한 지뢰를 탐지하는 개가 그 예 입니다. 또 의학 실험에 사용하는 동물이나 동물의 장기 이식이 인간 생명을 구하는 데 얼마나 도움이 되는지 생각해 보십시오(#TwGOD 4.36,40,48). 이러한 동물들이 그 과정에서 죽게 된다면 슬프겠지만, 그 희생은 매우 위대합니다. 동물 복지를 위해 노력하면서 우리는 동물의 존재 목적을 박탈해서는 안 됩니다. 그들의 존재 목적은 사람들을 위해 이용되는 것도 포함합니다.

인용문

수혜자와 관리자

"[인류는] 비이성적인 존재, 식물과 동물을 마음대로 처분할 권리가 있습니다(이는 하느님 앞에서 그리고 자신의 존엄성에 따라 불필요한 잔혹함과 학대를 피해야 할 의무에서 자유롭지 않습니다). 하지만 인간은 다른 사람이나 자신에게 종속된 사람에 대해서 이러한 권리를 가지고 있지 않습니다."

[비오 12세 교황, 세계 의학 협회를 위한 훈화, 1954년 9월 30일]

"우리 인간은 다른 피조물의 수혜자일 뿐만 아니라 그 관리인입니다. 하느님께서는 우리 육신을 통하여 우리를 둘러싼 세상과 긴밀하게 결합시켜 주셨습니다. 그리하여 우리는 토양의 사막화를 마치 우리 몸이 병든 것처럼 느끼고 동식물의 멸종을 우리 몸이 떨어져 나가는 것처럼 고통스럽게 느낍니다. 우리가 잠시 머물고 지나가는 자리에 우리 자신과 미래 세대의 삶에 영향을 끼칠 파괴와 죽음의 자국들을 남기지 맙시다. '믿을 수 없을 정도로 다양한 곤충들이 숲 속에 살면서 분주히 움직였습니다. 우리가 오염시킨 그토록 수많은 강물 속에서, 물고기들이 어떻게 헤엄칠 수 있겠습니까? 누가 그 놀라운 바다 세계를 생명과 빛깔을 잃어버린 수중 묘지로 바꾸어 놓았습니까?'"

[프란치스코 교황, 〈복음의 기쁨〉, 215항]

성인

동물에게 한 설교

전통적으로 환경과 관련된 성인을 꼽을 때 아시시의 프란치스코를 빼놓지 않습니다. 그래서 그의 축일인 10월 4일을 세계 동물의 날로 기념합니다. 프란치스코 성인은 동물을 사랑했고, 동물에게 설교했습니다. 하지만 때때로 음식을 구걸해서 고기나 생선을 받게 되면 그것을 먹기도 했습니다.

생각하기

- 사람들이 반려동물에게 지나친 애착을 갖는 모습에 대해서 어떻게 생각하십니까? 반려동물보다 굶주린 사람들에게 먹을 것을 주어야 하지 않을까요?
- 동물원에 방문해 볼까요? 평생 갇혀 지내 온 동물을 풀어 주어야 할까요? 그 이유는 무엇인가요?
- 그리스도인이 사냥을 스포츠로 즐기는 것을 금지해야 할까요?
- 동물 의학 실험이 인간의 생명을 구할 수 있다면 허용해야 할까요? 그 이유는 무엇인가요?

실천하기

동물 보호

동물을 보살피는 일은 그리스도인의 중요한 의무입니다. 그런데 어디까지 보살펴야 할까요?

- 창조 당시 하느님께서는 세상이 선하기를 원하셨지만, 죄로 인한 타락으로 세상은 변화하게 되었습니다(#TwGOD 1.2,4). 하느님 나라에서 동물들은 서로 잡아먹지 않을 것입니다(이사 11,6-9). 이 사실은 지금 우리에게 어떤 의미일까요?
- 모기는 매우 성가시며, 존재의 실질적 목적이 없는 것 같습니다. 모기를 완전히 박멸하는 것이 더 나은 것 같기도 하지요. 그렇다면 하느님께서 애초에 모기를 창조하신 이유는 무엇일까요?
- 우리는 왜 반려동물을 키우는 것을 허용해야 할까요? 이들은 자연 속에서 자유롭게 돌아다니는 것이 더 낫지 않을까요?

파도바의 안토니오 성인은 물고기에게 설교했고, 아시시의 프란치스코 성인은 늑대를 길들였으며, 아녜스 성녀는 이름을 양(라틴어로 agnus)에서 따왔습니다. 이들은 동물 복지를 훌륭하게 실천했습니다. 하지만 다른 입장에 서 있는 성인들이 있습니다. 골 성인은 곰을 쫓아냈고, 파트리치오 성인은 아일랜드에서 온 뱀을 몰아냈으며, 위베르 성인은 사냥꾼의 수호성인입니다. 우리는 이 성인들에게 무엇을 배울 수 있을까요?

요약

우리의 행동으로 인해 동물이 멸종되는 것을 막기 위해서
우리는 할 수 있는 모든 것을 해야 합니다.
다만 인간의 생존이 우선이며, 인간은 동물보다 더 중요한 존재로 여겨집니다.

9

인구가 늘어나는 것은 문제일까요?

'통합적 생태학'이란 무엇일까요?
진정한 지속 가능성은 가능할까요? 스마트폰을 끊어야 할까요?

대양의 아름다움과 그 깊고 푸른 광활함, 다채로운 색깔과 모습, 그리고 다양한 용도로 활용되는 창조물의 거대한 생태적 다양성, 약효를 비롯한 풍부한 자원을 담고 있는 광활한 열대 우림은 하느님께 받은 위대한 보물입니다. 이 보물들은 하나의 지구 생태권 안에서 인간의 헤아릴 수 없는 깊이와 긴밀히 연결되어 있습니다. 이것이 천국에서 우리를 기다리고 있는 완전한 삶에 대한 불완전한 예표입니다. 예수님께서는 하느님께서 당신의 피조물 중 하나도 잊지 않으신다고 말씀하셨고(루카 12,6), 모든 피조물에게 복음을 전하라고 이르셨습니다(마르 16,15). 이것이 모든 공동선을 증진하고자 하는 그리스도교적 통합 생태론의 근간입니다.

사람, 동물, 식물, 돌

통합적 생태학은 인간, 동물, 식물, 돌의 생태를 그 자체로, 그리고 창조물 전체와의 상호 관계 안에서 바라봅니다. 통합적 생태학은 무작위적이고 혼란스러운 체계 속에서 근본적인 패턴을 보려고 합니다. 이 패턴은 이전에 있었고, 앞으로 올 모든 것이 어떻게 서로 연결되어 있는지 보여 주고, 우리의 행동을 촉구하시는 사랑의 하느님께서 모든 것을 창조하셨음을 드러냅니다. 따라서 경제적 위기, 사회적 위기, 환경적 위기 등 각각의 위기가 있는 것이 아니라, 모든 것이 상호 연결된 우리의 전체적인 위기가 있는 것입니다. 이 위기를 타개할 유일한 해법은 하느님 사랑에 응답하는 통합적 생태학에서 찾을 수 있습니다.

인구 증가

하느님께서는 세상과 인간을 창조하신 후 "자식을 많이 낳고 번성하여 땅을 가득 채우"(창세 1,28)라고 말씀하셨습니다. 남자와 여자가 가족을 떠나 결혼하고 새로운 가정을 꾸리는 것은 자연스러운 일입니다(마태 19,5). 동시에, 새롭게 태어나는 모든 사람은 하느님께서 돌보라고 말씀하신 환경에 영향을 끼칩니다. 어떤 사람들은 이러한 이유로 자녀를 갖는 것이 이기적이라고 생각합니다. 하지만 여러분의 부모님께서 그렇게 생각했다면, 여러분은 여기에 있지 못했습니다. 때때로 부유한 나라들이 세계의 빈곤 지역에 산아 제한 정책을 강요하는 모습을 보면 정말 안타깝습니다.

피임?

가톨릭적 전망에서 인간의 성은 종의 생존을 넘어선 혼인한 남녀가 사랑의 일치를 이루는 깊은 경험입니다. 그들의 사랑은 새로운 생명에 열려 있으며, 이 모든 생명은 성적 행위에서 비롯합니다. 그러나 이 사실이 우리가 계획 없이 출산해야 한다는 것을 의미하지 않습니다. 가톨릭 교회는 자연적 방법을 이용하여 정당하게 피임하는 것을 인정합니다(#TwGOD 4.25). 이러한 관점은 통합적 생태학의 전체적인 틀 안에서 고려되어야 합니다. 낙태나 인공적 피임은 해결책을 줄 수 없습니다(#TwGOD 4.23,28). 정부의 압력도 마찬가지입니다. 몇 명의 자녀를 낳을지 결정하는 것은 오로지 미래의 부모 몫입니다. 이 세상에서 몇 명의 자녀를 책임감 있게 부양할 수 있는지 기도와 양심 안에서 분별해야 합니다. "자기 자신들의 행복과 아울러 이미 태어났거나 앞으로 태어날 자녀들의 행복을 위하여 힘쓰며, 시대와 생활 신분의 물질적 정신적 조건을 알아내고, 마침내 가정 공동체와 현세 사회와 교회 자체의 선익에 이바지하여야 한다."(《기쁨과 희망》 50항) 인구 증가를 제한하는 조치는 종종 이기적인 사고방식에서 비롯합니다. 프란치스코 교황님께서 말씀하셨듯이, 부유한 나라들이 세계 자원을 조금 더 적게 소비한다면, 새로 태어날 아이들을 포함하여 모든 사람에게 충분한 자원이 공급될 것입니다(《찬미받으소서》 50항).

더 알기

메카노 생태계?

메카노Meccano는 산업 혁명 시기에 만들어진 조립 장난감입니다. 이 시기에 어린아이들은 어디에서나 에펠탑처럼 생긴 철제 구조물을 볼 수 있었습니다. 많은 산업과는 달리, 메카노는 매우 지속 가능한 장난감으로 입증되었습니다. 내구성 있는 소재로 만들어져서, 계속해서 새로운 구조물을 만들고 재창조할 수 있습니다. 수명이 다한 철은 녹여서 새로운 용도로 사용할 수 있습니다.

잘 설계한다면 구조물은 스스로 서 있을 만큼 튼튼하고, 거대하게 높이 세울 수도 있습니다. 하지만 볼트 몇 개만 풀면 전체가 무너집니다. 생태계도 마찬가지입니다. 종들의 생명 주기는 서로 연결되어 있고, 상호 의존적입니다. 메카노를 통해서 통합적 생태학의 진정한 의미를 깨달을 수 있습니다.

더 읽어 보기

#TwGOD 3.19, 4.25, 4.48; #OnlineSaints 2.37.
출산 규제 & 세계화: CCC 2368–2373;
CCCC 497–498; YOUCAT 418–421 & 446–447;
DOCAT 129–130, 229–234, 242–247, 251–255.

기도하기

사랑하는 하느님, 당신께서는
저희가 통합적 생태학의 관점을 갖도록 부르십니다.
모든 인간과 동물,
그리고 창조된 모든 자연의 안녕을 위해
노력할 수 있도록 저희를 도우소서.

지속 가능 …… 그렇지 않습니다!

자국의 탄소 배출량을 줄이기 위해 모든 중공업을 저소득 국가에 외주를 주는 국가를 생각해 봅시다. 아니면 다른 나라에 나무를 심어 배출량을 상쇄하면서, 개발을 위해 사용될 수 있는 토지를 점유하는 국가를 생각해 봅시다. 이것이 지속 가능한 발전일까요? 지역 차원에서는 그렇다고 할 수 있지만, 전 세계적으로 볼 때 많은 불이익을 감수해야 하는 개발 지역에 이 문제를 떠넘긴 것에 불과합니다. 특히 부유한 국가들이 환경 보호를 위한 조처를 해야 합니다. 하지만 목표가 수단을 자동으로 정당화하지 않습니다. 생태에 대한 통합적 관점만이 세계적 차원의 계산 착오를 파헤치고, 전 세계적으로 지속 가능한 대안을 제시할 수 있습니다.

생각하기

- 이 세상의 모든 것이 서로 연결되어 있습니까? 그 이유는 무엇인가요?
- 인구가 증가하면 어떤 결과를 초래할까요? 이 결과는 지구 온난화와 같은 문제와 관련이 있습니까?
- 사람들이 아이를 원하거나 원하지 않게 되는 요인은 무엇입니까? 이는 무엇을 의미합니까?
- 지속 가능한 생태학을 어떻게 정의할 수 있을까요? 통합적 생태학을 여러분의 말로 어떻게 표현할 수 있을까요?

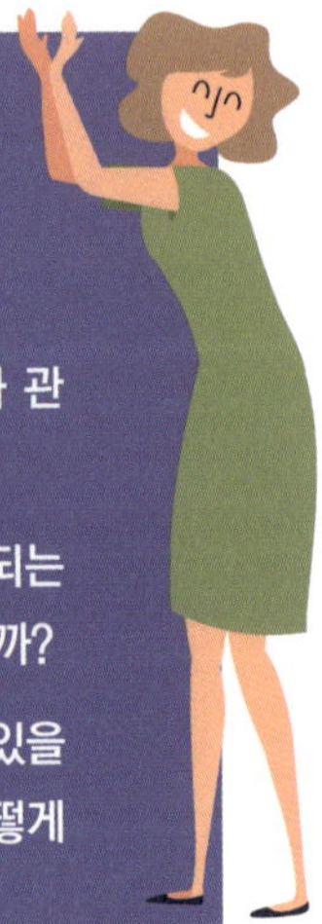

인용문

연대 혹은 국제적 압력

"남보다 잘사는 사람들은 자기 재산을 남들이 이용할 수 있도록 너그러이 일정한 자기 권리를 양보해야 한다. 만일 인간 사이의 연대성을 강조하기 위한 새로운 교육이 없다면 지나치게 역설되는 법적 평등은 각자가 공동선에 대한 책임을 망각하고 자신의 권리만을 주장하는 개인주의에 떨어지기 쉽다."

[바오로 6세 교황, 〈팔십주년〉, 23항]

"개발 도상국들은 때때로 경제 지원을 특정한 '출산 보건' 정책에 연계시키라는 국제적 압력을 받습니다. 그러나 인구 성장과 통합적이고 공평한 개발은 전혀 모순되지 않는다는 것을 인정해야 합니다. 선택적 소비주의가 아니라 인구 증가를 비난하는 것은 현재의 분배 방식을 합법화하려는 시도인 것입니다. 현재의 분배 방식에서는 소수의 사람들이, 보편화될 수 없는 방식으로 소비할 권리가 자신에게만 있다고 믿습니다."

[프란치스코 교황, 〈찬미받으소서〉, 50항]

성인

가정과 아이

젤리Zélie와 루이 마르탱Louis Martin은 출산만을 목적으로 결혼하지 않았습니다. 사실 두 사람 모두 독신 수도 생활을 생각했지만, 친밀한 관계의 '열매'인 아이들을 하느님의 선물로 여겼습니다. 그들의 자녀 가운데 네 명은 죽었고, 나머지 다섯 명은 모두 수도자가 되었습니다.

실천하기

휴대폰 금지?

휴대폰이라는 작은 기기 하나를 개발하는 데 엄청난 에너지와 탄소 발자국이 필요합니다. 또한 금이나 터븀처럼 희귀 자원도 사용됩니다. 이 자원을 채굴하기 위해서 막대한 비용이 들고 자연이 파괴됩니다. 광부들의 작업 환경은 대부분 매우 좋지 않습니다. 이러한 재료와 기기는 전 세계로 운반되고, 기기를 사용하는 데 필요한 와이파이와 셀룰러 네트워크를 유지하는 데이터 센터는 많은 에너지를 소비합니다. 그렇다면 그리스도인으로서 창조물을 돌보기 위해서는 휴대폰을 버려야 할까요? 모든 삶에는 고통이 따르기 마련입니다. 통합적 생태학에 따라 몇 가지 생각을 해봅시다.

- 여러분의 존재와 여러분이 하는 모든 일은 에너지를 소모합니다. 여러분은 특정한 선택을 함으로써 에너지 사용을 줄일 수 있지만, 특정한 영향을 피할 수는 없습니다. 휴대폰을 지니든, 아니든 말이죠. 이에 대해 죄책감을 느낄 필요는 없습니다. 하느님께서는 당신을 창조하실 때부터 이것을 알고 계셨으니까요.
- 여러분은 다른 사람들과 소통하기 위해 이 세상에 존재합니다. 소통하기 위해 휴대폰이 필요하다면, 이 세상에서 휴대폰 없이 사회적 인간으로서 온전히 살아갈 수 있을까요? 만약 휴대폰 없이 온전히 살아갈 수 없다면, 휴대폰을 소유하지 못한 인구의 절반이 서로 이어지게끔 어떻게 도울 수 있을까요?
- 휴대폰이 필요하다 하더라도, 더 쉽게 재활용할 수 있고, 재활용 소재로 만들어진 휴대폰을 선택할 수도 있습니다. 그렇게 하면 하느님께서 모두가 누리도록 주신 자원을 덜 소비하게 됩니다.
- 휴대폰을 자주 바꾸지 않겠다고 결심할 수 있습니다. 배터리가 너무 빨리 소모될 때만, 배터리를 교체하는 것입니다.
- 그리고 기기의 수명이 다하면 이 기기를 재활용할 수 있습니다. 이렇게 하면 원자재를 채굴할 필요성이 줄어들며, 휴대폰을 분해하는 사람들을 위한 일자리도 창출할 수 있습니다.

이러한 예는 통합적 생태학이 일상생활의 모든 영역에 어떻게 영향을 주는지 보여 줍니다.

요약

통합적 생태학은 모든 사람과 모든 것의 안녕을 고려하며 삶의 현실을 바라봅니다.
인구 증가 자체는 잘못된 것이 아닙니다. 지속 가능성은 이루어질 수 있습니다.

청년이 알아야 할 사회교리 Q&A

여러분의 이웃은 하느님이십니다

평화를 만드는 사람들 : 정의와 평화

 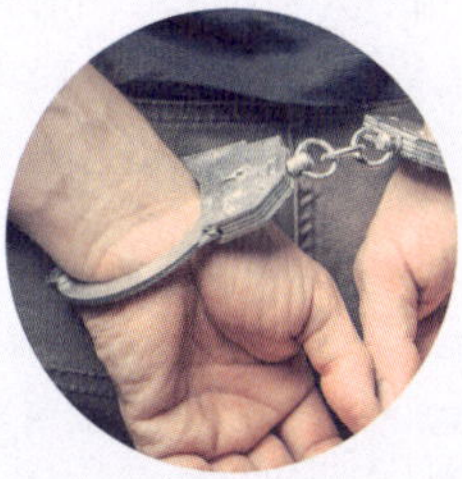  

10

SCAN

세상의 정의와 성서의 정의는 다를까요?

왜 좋은 사람이 항상 성공하는 것은 아닐까요?
사랑과 정의는 어떤 관계가 있을까요? 누군가의 범죄를 신고하는 것은 그를 배신하는 행위일까요?

동물이 서로를 죽이거나 스스로 목숨을 끊는 현상은 보통 자연의 법칙으로 여겨집니다. 하지만 사람에게 이러한 행동은 허용되지 않습니다. 사람이 다른 이를 공격하고 죽이는 일은 정의에 어긋납니다. 동물과 인간은 근본적으로 다르기 때문입니다(#TwGOD 1.3). 하느님께서는 우리를 당신의 모상으로 창조하셨습니다(창세 1,26-27). 여러분은 하느님의 자녀이며, 그분의 아들딸입니다.

예술가들이 자신의 일부를 작품에 담아내는 것처럼, 우리는 하느님의 흔적을 담고 있습니다. 그 이유만으로도 모든 인간은 귀하고, 소중하며, 어느 무엇으로도 대체할 수 없습니다. 하느님께서는 우리가 영원한 삶을 살도록 창조하셨습니다. 따라서 모든 사람은 자신의 잠재력을 온전히 실현하며 살아가는 데 필요한 모든 것을 누릴 권리가 있습니다. 항상 다른 이들과 정의로운 연대 속에 실천하며 살아가야 합니다.

하느님의 정의

우리 그리스도인은 모든 사람을 위해서 정의와 평화에 지속적인 관심을 가져야 합니다. "주님은 공정의 하느님이시다."(이사 30,18) 정의는 하느님 존재의 일부입니다. 하느님께서는 언제나 정의로우신 분이십니다. 정의는 '옳은 것'을 의미합니다. 성경에서 의인이란 하느님께서 기뻐하시는 방식으로 행동하는 사람입니다.

정의의 반대는 죄입니다. 죄는 우리를 하느님께로부터 멀어지게 하고, 그분과의 관계를 매우 어렵게 만듭니다. 이 관계를 회복하려면 우리의 죄를 제거해야 합니다. 우리는 우리 죄로 인해 끼친 막대한 피해를 갚을 능력이 없습니다. 만약 하느님께서 당신 존재의 일부인 사랑을 보여 주지 않으신다면 우리는 심판받을 것입니다. 하느님께서는 사랑이십니다(1요한 4,8). 이는 동화책에 나오는 가볍고 달콤한 사랑이 아닙니다. 하느님의 사랑은 실제적이며, 때로는 거칠기도 합니다. 마치 이 세상 삶과 같습니다. 하느님의 정의는 늘 그분의 사랑과 함께합니다. 하느님께서는 그 정의 안에서 자비로우십니다. 그래서 성경은 하느님께로 돌아와 "신의와 공정을 지키"(호세 12,7)라고 권고합니다. 우리는 하느님을 닮게 창조되었고, 그래서 사랑과 자비를 살아가야 합니다.

복수, 정의, 자비?

'나는 정의를 원한다!'라는 말은 종종 '나는 복수를 원한다!'라는 뜻으로 사용됩니다. 이는 이해할 수 있지만, 바람직하지 않습니다. "사랑하는 여러분, 스스로 복수할 생각을 하지 마십시오. '복수는 내가 할 일, 내가 보복하리라.' 하고 주님께서 말씀하십니다."(로마 12,19) 하느님의 '복수'는 우리의 복수와 다릅니다. 하느님께서는 누군가를 처벌하는 복수를 원하지 않으십니다(인과응보적 정의). 하느님께서는 그들이 회개하여 자신의 길을 돌리기를 원하십니다(회복적 정의). 누군가가 나를 때릴 경우, 나도 그를 때릴 권리가 있는 것처럼 보입니다. 구약의 율법이 이렇게 말했기 때문입니다. "너희는 그를 동정해서는 안 된다. 목숨은 목숨으로, 눈은 눈으로, 이는 이로, 손은 손으로, 발은 발로 갚아야 한다."(신명 19,21) 그러나 예수님께서는 악을 악으로 갚지 말라고 가르치시며, 율법을 바로잡으셨습니다(마태 5,38-44; 로마 12,17). 우리는 정의에 굶주리고 목말라야 하지만, 그 모든 것 위에 자비가 있어야 합니다. 우리는 그 무엇보다 자비를 갈망해야 합니다(마태 5,6-7).

더 알기

왜 선한 사람이 부당한 일을 당하나요?

법은 객관적이고 공평하게 적용되어야 합니다. 다행스럽게도 보통은 그렇습니다. 그러나 때때로 선한 사람이 부당한 결과를 받는 경우가 있습니다. 법률 절차의 결함, 잘못된 변호, 부당한 법률, 차별, 부패, 범죄 등으로 보호받지 못하는 경우가 있습니다. 우리의 사법 제도는 완벽하지 않습니다. 우리는 모든 형태의 불의와 싸워야 합니다. 또한 사회적 법적 구조와 제도에서도 마찬가지입니다. 우리가 모든 노력을 쏟아부었음에도 지금 이 순간 정의가 승리하지 못한다면, 예수님을 바라보십시오. 예수님께서는 부당하게 유죄 판결을 받으셨고, 십자가형을 당하셨습니다. 그분보다 더 정의로운 사람은 없습니다! 예수님께서는 언젠가, 곧 세상 끝 최후의 심판 때에 정의가 실현될 것이라고 약속하셨습니다. 그러나 우리는 그 전에 이 세상 모든 곳에서, 특히 작고 가난하고 소외된 사람들을 위해서 정의를 이루어야 합니다.

정의와 평화

그리스도교적 정의는 사법적 정의를 넘어섭니다. 하느님의 마지막 대답은 법의 공정한 적용이 아니라 자비입니다. 정의만으로 세상을 변화시킬 수 없고, 더 나은 곳이 되게 할 수 없습니다. 오직 사랑만으로 가능합니다. 정의와 자비는 함께하며, 둘 중 하나만 있을 수 없습니다. 우리 그리스도인은 자원, 재화, 기회의 공정한 분배를 위해 노력하고, 화해를 도모하며, 모든 사람이 서로 평화롭게 사는 세상을 이루도록 부름받았습니다. 이는 하느님 사랑과 이웃 사랑을 실천하는 사람이 더 많아진다면, 실현될 수 있습니다!

더 읽어 보기

#TwGOD 4.3, 4.45; #OnlineSaints 2.24, 2.28.
공동선: CCC 1905-1917; CCCC 407-410;
YOUCAT 327-328; DOCAT 87-88, 201.

기도하기

하느님, 당신은 거룩한 정의에 뿌리를 둔
당신의 자비에서 배우도록 초대하십니다.
사랑이 우리를 이끄는 유일한 지침이 되도록 도우소서.
또한 정당하게 죗값을 물을 때에도
사랑을 잊지 않게 하소서.

범죄를 신고하는 것은 배신?

예수님께서는 형제자매 중에 잘못을 저지른 이가 있다면, 먼저 개인적으로 찾아가 바로잡아 주라고 말씀하셨습니다. 그런데 그가 듣지 않으면 몇 사람과 함께 다시 찾아가 이야기하라고 하셨습니다. 그럼에도 변하지 않는다면, 교회 공동체에 알리고, 공동체의 결정에 따르도록 해야 합니다(마태 18,15-17). 공동체의 결정이 미치지 못할 경우, 수화기를 들어 당국에 범죄를 신고하는 것은 사람들이 교정되어, 올바른 길로 돌아오길 바라시는 예수님의 가르침에 부합합니다. 그러나 예수님의 지시는 범죄를 저지른 이가 올바르게 돌아오기를 바라는 것이지, 사법 제도의 징벌이나 변호에 관한 가르침이 아닙니다. 경찰에 신고하는 것을 배신으로 여긴다면, 그것은 당국의 재판이 공정하지 않다고 생각하기 때문입니다. 사실 우리 그리스도인은 누군가를 불의한 정권에 고발하면 안 됩니다. 대부분의 사법 제도가 완벽하지 않지만, 적어도 정의를 구현하려는 의도는 가지고 있습니다. 하지만 상황이 분명히 여의치 않을 때, 이를테면 독재자가 정적을 숙청하는 경우, 우리는 어떠한 협력도 단호히 거부해야 합니다.

인용문

사랑과 정의

"저는 소외된 이들과 가난한 이들, 모든 착취의 희생자들을 생각합니다. 정의와 참 평화의 삶을 갈구하는 그들의 열망을 그 누가 외면할 수 있겠습니까? 우리는 모두 그 열망을 이루도록 해 주어야 할 책임이 있습니다. 정의는 권리와 의무의 균형 유지와 책임과 이익의 공정 분배를 감시 감독하는 것이 그 본래의 임무입니다. 정의는 완전하게 하는 것이지 파괴하는 것이 아닙니다. 정의는 복수가 아니라 화해로 이끕니다. 정의는 사랑에 뿌리를 박고 있습니다. 정의는 자비에서 가장 뚜렷하게 드러납니다. 그러므로 자비로운 사랑에서 떠날 때 정의는 차갑고 매서운 것이 됩니다."

[요한 바오로 2세 교황, 제31차 세계 평화의 날 담화, 1항]

"모든 사회는 고유한 정의의 제도를 세웁니다. 사랑은 정의를 넘어서는 것입니다. 사랑에는 결코 정의가 부족하지 않습니다. 정의는 남에게 '그의 것', 곧 그의 존재와 행위를 근거로 그가 받아 마땅한 것을 그에게 주는 것입니다. 정의에 따라, 남에게 속한 것을 먼저 그에게 주지 않는다면 '나의 것'을 남에게 '줄' 수 없습니다. 우리가 자선을 통해 다른 사람을 사랑하면 무엇보다도 우리는 그에게 정의를 실천하는 것입니다. 정의는 사랑과 분리될 수 없습니다."

[베네딕토 16세 교황, 〈진리 안의 사랑〉, 6항]

성인

하느님의 정의

미카엘 대천사는 한 손에는 칼을, 다른 한 손에는 저울을 든 모습으로 자주 묘사됩니다. 칼은 악을 물리치는 데 사용되고, 저울은 심판의 날에 우리의 공로를 재는 데 사용됩니다. 다행히 하느님의 정의는 우리의 정의를 뛰어넘고, 하느님의 자비는 우리가 상상하는 것보다 항상 더 큽니다.

생각하기

- 성경이 우리 사회의 불의한 상황을 변화시킬 수 있을까요? 어떻게 할 수 있을까요?
- '의로운 사람은 숨길 것이 없다.' 그렇다면 경찰은 아무 제한 없이 사람들을 수사해도 될까요? 그 이유는 무엇인가요?
- 예수님의 자비에 대한 요청을 실천하는 것이 여러분 나라에서의 정의를 어떻게 실현할 수 있을까요?
- 범죄를 신고해 본 적이 있습니까? 다음번에도 그렇게 하시겠습니까? 그 이유는 무엇인가요?

실천하기

범죄와 처벌은 어떻게 다루어야 할까요?

현대 사법 제도는 복수가 아니라 정의가 실현되도록 설정되었습니다. 처벌을 내리기 전에 그리스도교적 관점으로 많은 질문을 던질 수 있고, 또 던져야 합니다.

- 공동체가 끔찍한 범죄를 접했을 때, 본능적으로 보이는 반응은 용의자를 린치하려는 것일 수 있습니다. 하지만 용의자가 범인일까요? 그들의 죄를 경감하는 어떤 상황은 없나요? 벌을 받아야 마땅한가요? 아니면 정당방위였을까요?
- '모든 사람은 탈세를 시도합니다. 그래서 작은 규모의 탈세는 아무런 문제가 되지 않습니다.', '보험금을 더 많이 받기 위해 거짓말을 할 수 있고, 이것은 사기가 아닙니다.'와 같은 말에 동의하십니까? 정의로운 삶을 철저히 사는 것은 불가능할까요?
- 범죄는 범죄입니다. 그렇지 않습니까? 하지만 배우자나 자녀가 납치되었을 때 그들을 보호하기 위해 범죄를 저지른 것이라면? 아니면 정말 가난한 사람들이 그들의 자녀를 먹이기 위해 음식을 훔치는 일이라면? 그들은 처벌을 받아야 할까요?

이러한 사례는 정의가 개인에 대한 맞춤과 배려를 요구한다는 것을 보여 줍니다.

요약

성경에서 정의는 사랑과 밀접하게 결부되어 있습니다.
우리의 정의는 완벽하지 않습니다. 종종 사랑이 결핍됩니다.
잘못을 저지른 이들은 자신과 사회의 선익을 고려하여 처벌받아야 합니다.

11

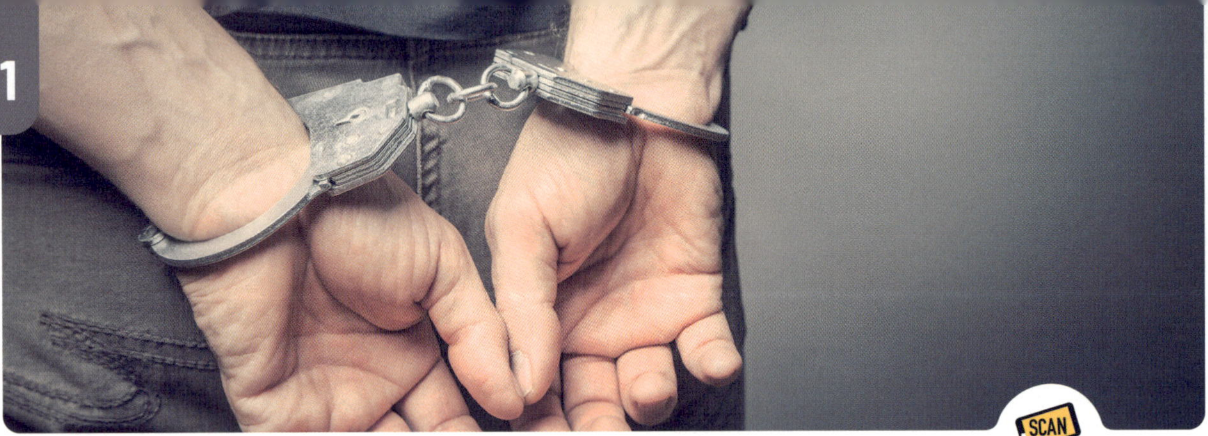

그리스도인인 우리는 다른 사람을 처벌할 권리가 있을까요?

성인들은 감옥에 갇혀 있으면서도 어떻게 자유롭다고 말할 수 있었을까요?
성경은 현대판 노예 제도에 침묵하고 있나요?

하느님 안에서 사랑과 정의는 서로 연결되어 있습니다. 둘 다 필요합니다. 부모님은 자녀들을 사랑하지만, 때때로 자녀들을 위해서 벌을 줄 수 있습니다. 우리가 천국에 이를 때까지 잘못을 바로잡고 평화를 유지하기 위해서는 꾸짖음이 필요합니다. 처벌의 기소와 형 집행은 집권자의 손에 달려 있습니다. 사회 집권자들이 하느님 계명에 따라 행동하는 경우, 그들은 정의의 칼을 들고, "악을 저지르는 자에게 하느님의 진노를 집행하는 그분의 일꾼"(로마 13,4)입니다. 하지만 안타깝게도 항상 그렇지는 않습니다.

하느님의 정의

일반적으로 사법 제도는 저지른 범죄에 따라 죄인을 처벌하는 '형벌적 정의'를 추구합니다. 성경은 처벌의 중요성을 이야기하지만, 하느님의 정의는 회복에 집중합니다. 하느님께서는 치유하시고 회복하십니다. 그런 이유로 예수님께서는 우리 죄에 대한 처벌을 대신 받으셨습니다(1요한 2,1-2). 하느님께서는 정의로우시면서도 자비로우십니다. 그분은 항상 죄인에게 새로운 기회를 주십니다. 할 수만 있다면, 일곱 번씩 일흔 번이라도(마태 18,21-22) 기회를 주십니다. 가톨릭 신자들은 사형 제도에 반대합니다. 사형은 생명에 대한 하느님 사랑에 어긋나고 새로운 기회를 허용하지 않기 때문입니다(#TwGOD 4.42).

처벌 그 이상

형벌 선고는 여러 목적을 위한 것입니다.

- 범죄자 격리: 유죄 판결을 받은 사람이 더 이상 범죄를 저지르지 못하도록 격리 조처하는 것으로 사회 보호와 밀접한 관련이 있습니다(예레 22,3).
- 억제 혹은 단념: 범죄자나 다른 사람들의 재범을 방지하도록 억제하거나 단념시키는 것으로 이는 범죄를 예방합니다(1티모 1,10-11). 인과응보 혹은 똑같이 갚아주는 것. 이는 복수의 한 형태로써 그리스도인에게 부합하지 않습니다. 하느님께서 "복수는 내가 할 일, 내가 보복하리라."(로마 12,19)라고 말씀하셨습니다.
- 형벌: 지역 법에 따라 범죄 행위에 대해 부과하는 처벌로써 자신이 저지른 불의의 대가를 치르는 것이기에 차별은 없습니다(콜로 3,25). 형벌은 응징이 아니며,

더 알기

인신매매에 맞서는 싸움

어떤 형태로든 사람을 착취하는 것은 인간 존엄성을 노골적으로 무시하는 행위입니다. 언뜻 보기에 몇몇 성경 구절은 노예 제도를 허용하는 것처럼 보이지만(탈출 21,20-21; 콜로 4,1), 이는 사실 다른 사람을 노예로 만드는 자들을 단죄하는 것입니다(1티모 1,8-10). 하느님께서는 우리가 자유로워지기를 원하셨습니다(루카 4,18; 갈라 5,1). 노예 상태에 있을 때도 영적으로는 자유로울 수 있습니다(1코린 7,21-24).

안타깝게도 오늘날에 여전히 여러 형태의 노예 제도가 존재합니다. 다양한 형태의 인신매매는 무력, 사기, 강압을 이용하여 사람들을 종속의 악순환에 몰아넣습니다. 강제 노동은 종종 빚의 굴레, 강요, 협박 등을 통해 고용주에게 종속하게 되는 시스템에 매이면서 발생합니다. 성매매는 개인적 쾌락을 위해 타인을 학대하는 변태적인 이기주의의 희생자를 만듭니다. 다른 형태의 현대판 노예 제도는 강제 결혼, 아동 군인, 가정 노역, 상속 노예 제도 등이 있습니다. 이것은 소위 선진국에서도 발생합니다.

그리스도인이 할 수 있는 유일한 응답은 전 세계적으로 일어나는 모든 형태의 인신매매를 완전히 끝내기 위해 싸우는 것입니다. 우리는 사회적으로뿐만 아니라, 개인적으로도 이 일을 해야 합니다. 노예 제도로 생산된 제품이나 서비스를 소비할 때마다 우리는 죄의 노예가 되는 것입니다! "그리스도께서는 우리를 자유롭게 하시려고 해방시켜 주셨습니다. 그러니 굳건히 서서 다시는 종살이의 멍에를 메지 마십시오."(갈라 5,1)

오히려 잘못된 것을 바로잡는 일종의 회복에 더 초점이 맞추어져 있습니다.

- 교정과 갱생: 유죄 판결을 받은 사람들이 삶을 개선하고, 사회에서 다시 자리를 잡도록 돕는 데 중점을 둡니다(마르 2,17).

그리스도교 감옥?

감옥은 해로운 사람들을 격리하여 사회 안전을 보호하는 중요한 방법이면서, 그들이 교정하고 갱생하도록 도움을 주는 곳입니다. 그리스도인에게 징벌적, 특히 응보적 성격이 강한 징역형은 바람직하지 않습니다. 이러한 측면도 필요하지만, 갱생이 더 중요합니다. 한 번 혹은 여러 번 선을 넘는 사람이 의로운 인간의 존엄성을 되찾도록 어떻게 도와주어야 할까요? 반대로 감옥은 사람들을 교정하고 정직한 삶을 살도록 이끄는 대신, 더 깊은 범죄의 길로 끌어들일 수 있습니다. 여기에 경찰의 과도한 폭력, 부패한 판사, 악랄한 교도관이 더해지면 상황은 더 악화됩니다. 이러한 불의는 즉시 멈춰야 합니다.

더 읽어 보기

#TwGOD 2.13, 4.11, 4.14, 4.42;
#OnlineSaints 1.44, 2.27.
처벌 & 인신매매: CCC 2266-2267, 2414;
CCCC 468-469; YOUCAT 435; DOCAT 228 & 151-153.

기도하기

사랑하는 하느님,
제가 항상 진리와 정의 안에서 걸으며,
불의와 인간의 자유를 구속하는 모든 것과
맞서 싸울 수 있도록 도우소서,
(부당하게) 감옥에 갇혀 있을 때도
자유로울 수 있도록 저에게 힘을 주소서.

재판받는 사제들

교회는 자체적으로 법전과 사법 체계를 지니고 있으며, 법원과 항소심 제도도 갖추고 있습니다. 교회법(#TwGOD 4.11)은 가톨릭 교회의 생활을 다룹니다. 많은 경우 장상에 대한 불복종과 같은 전형적인 교회 내부 문제를 다룹니다. 그러나 만약 범죄에 관한 비행이라면, 교회는 용의자를 사회법 기관에 신고하여 수사와 기소 절차를 밟게 해야 합니다. 끔찍한 사례로 성적 학대 범죄를 들 수 있습니다. 세상의 법적 절차 외에도, 일반적으로 교회 법원에는 범죄자가 교회법에 따라 어떻게 처벌을 받아야 하는지 정하는 별도의 사법 절차가 있습니다. 독립 국가로서 바티칸은 수사 중인 사람들을 구금 시설에 수감하고, 구금을 포함한 징계 조치를 부과할 수 있습니다. 하지만 바티칸 시국에 사형 제도는 없습니다.

인용문

감옥은 사회의 거울

"형벌은 단순한 응보로 축소될 수 없으며, 사회적 앙갚음이나 일종의 제도적 보복의 형태를 취할 수는 더더욱 없습니다. 형벌과 투옥은 정의의 요구를 충족하고 범죄를 억제하는 동시에, 실수를 저지른 사람들이 반성하고 삶을 변화시켜 사회에 완전히 재통합할 기회를 제공하면서 개인 회복에 도움을 줄 때 의미가 있습니다."

[요한 바오로 2세 교황, 감옥에서 희년, 2000년 7월 9일, 6항]

"감옥은 우리가 살고 있는 사회의 모습을 보여 줍니다. 많은 경우 감옥은 침묵과 방치의 표지이며, 이는 버리는 문화, 더 이상 생명을 지탱하지 못하는 문화, 점점 아이들을 버리는 사회의 징후입니다. 복구 또는 갱생은 사회 건강 시스템을 구축하는 것으로 시작됩니다. 이 시스템은 사회 구조를 손상하고 훼손하는 상황과 경로를 예방하고 행동하는 문화를 증진하기 위해 노력합니다."

[프란치스코 교황, 시우닷 후아레스 교도소 연설, 2016년 2월 17일]

성인

오, 자유여!

티투스 브란스마Titus Brandsma는 나치 정권에 의해 부당하게 투옥되었지만, 평온함을 유지했습니다. 그는 감옥에서 특별한 친구라고 부른 예수님께 기도문을 썼습니다. 그는 예수님을 향한 내면적 자유와 사랑을 지녔는데, 그 누구도 이를 빼앗을 수 없었고 극단적 폭력에도 마찬가지였습니다.

아프리카계 미국인의 영가 '오, 자유여'는 이러한 내적 자유를 말합니다. 부당한 압제자는 여러분의 육체를 벌할 수 있지만, 당신의 마음과 영혼에는 아무것도 할 수 없습니다. 그곳에서 여러분은 당신이 옳고 정의롭다고 여기는 것을 생각하고 선택할 자유가 있습니다.

생각하기

- 형벌은 사람들의 삶을 바꾸는 좋은 방법일까요? 사형 집행을 허용하는 나라의 제품을 사거나, 그 나라에 여행을 가시겠습니까? 그 이유는 무엇인가요?
- 벌금은 효과적인 처벌일까요? 아니면 단지 정부의 재정을 채우기 위한 수단일까요? 그 이유는 무엇인가요?
- 세상의 노예 제도에는 어떤 종류가 있을까요? 그리스도인들은 무엇을 할 수 있을까요?
- 감옥에서 나올 때 사람들은 개선되었을까요? 아니면 더 능숙한 범죄자가 되었을까요? 그 이유는 무엇인가요?

실천하기

감옥은 좋을 것일까요?

어떤 사람이 잘못된 행동을 했을 경우, 그를 감옥에 가두는 것이 도덕적으로 정당한가에 대해 많은 질문이 제기됩니다. 다음 몇 가지를 생각해 봅시다.

- 많은 국가에서 수감자 한 명을 위한 비용은 노동자의 최저 임금보다 더 높습니다. 이렇게 생각할 수도 있습니다. '범죄는 그들이 저질렀지, 내가 저지르지 않았습니다. 내가 낸 세금으로 왜 범죄자를 부양해야 하지요? 사형을 집행하면 그 비용을 들이지 않아도 될 텐데 말이죠.' 예수님께서는 뭐라고 대답하실까요?
- 감옥은 여러 가지 역할을 합니다. 범죄를 저지른 이들을 처벌하고, 정당한 대가를 치르게 하면서도, 범죄자로부터 사회를 보호하고, 범죄를 예방하며, 범죄자들을 교정합니다. 이 중에서 당신과 하느님께 가장 중요한 것은 무엇입니까?
- 수감자의 조기 석방은 매우 긍정적인 효과를 가져올 수 있습니다. 하지만 재발의 위험도 존재합니다. 개선의 모습을 보이는 수감자를 석방해야 할까요?
- 비인간적인 감옥도 있습니다. 감방에 수감자의 수가 너무 많거나, 부패와 권력 남용이 만연하거나, 범죄 집단이 장악한 감옥도 있습니다. 그리스도인은 어떻게 해야 할까요?

아마도 이러한 생각들이 감옥을 새로운 관점으로 바라보는 데 도움이 될 수 있습니다.

요약

범죄는 복수를 위해서가 아니라, 범죄를 예방하고 가해자를 교정하기 위해서 처벌받아야 합니다.
노예 제도는 매우 잘못된 것입니다. 감옥에 갇혔을 때도, 여러분은 내적으로 자유로울 수 있습니다.

12

성경은 차별에 대해 어떻게 말하고 있을까요?

사회 정의란 무엇일까요? 나는 혼자서 살아갈 수 있을까요?
하느님께서는 우리가 약한 사람이기를 바라실까요?

성경의 관점에서 정의의 궁극적 기준은 사랑입니다. 예수님께서는 하느님께 대한 사랑과 우리 이웃인 인간에 대한 사랑을 그 무엇보다 우선하셨습니다(마태 22,37-42). 그것은 우리가 실현하는 모든 형태의 정의에도 적용되어야 합니다. 사회 정의는 모든 사람이 더 나은 삶을 살게 하고자 합니다. 사회 정의는 모든 인간이 가진 근본적인 존엄성에 바탕을 둡니다. 그래서 약자, 작은 이, 가난한 이, 소수 집단의 권리에 특별한 관심을 둡니다. 사회 정의는 이 책의 모든 주제와 관련됩니다.

공동선

축구 경기에서 선수 하나하나가 최선을 다하지 않으면 그 팀은 좋은 경기를 펼칠 수 없습니다. 반대로 선수는 혼자서 경기를 뛸 수 없습니다. 우리는 서로가 필요하기에, 각자가 자기 이익만 추구해서는 안 됩니다(필리 2,4). 사회 정의는 우리가 개인의 권리를 행사할 때, 항상 집단의 이익, 즉 '공동선'을 염두에 두고 행사할 것을 요구합니다.

공동선은 사회생활에서 집단과 개인으로서 성취를 이루도록 하는 모든 것을 포함합니다(《기쁨과 희망》 26항). 연대성의 원리는 사회의 재화와 자원을 공동선을 위해 모든 사람과 나눠야 한다고 말합니다. 이로 인해 개인적으로는 덜 갖게 되지만, 공동체로는 훨씬 더 나은 삶을 살게 됩니다!

상호 의존

완전하게 자립해서 살 수 있다는 것은 환상입니다. 우리는 언제나 어떤 식으로든 하느님과 이웃에게 의존하며 살아갑니다. 우리는 자신을 위해 살거나 죽지 않습니다(로마 14,7). 판매자는 구매자에게, 가난한 사람은 베푸는 사람에게, 서비스 제공자는 후원자에게, 고아는 그를 돌보는 사람에게, 연예인은 대중에게, 노숙자는 보금자리를 제공하는 사람에게 의존합니다. 도움이 필요한 사람에게 무엇인가를 나눈다는 것은 그 사람을 돕는 것일 뿐 아니라, 동시에 더 정의로운 사회가 되도록 조금이나마 이바지하는 것이고, 공동선을 실현하는 것입니다. 이러한 의존은 세대 간에도 존재합니다. 부모는 자녀를 돌보고, 나중에는 자녀가 부모를 돌봅니다. 우리는 지구와 사회 안에서의 삶을 다음 세대에 물려주어야 합니다.

약자 보호

하느님께서는 우리가 약자가 되기를 선호하는 것처럼 보입니다. 하느님께서는 다소 약한 사람들을 예언자로 세우시고 그를 통해 당신의 일을 이루십니다(탈출 4,10-16). 결점이 많았던 사도들을 보십시오(마태 26,75). 하지만 하느님께서는 우리가 약자가 되는 것을 원하지 않으십니다. 그분은 우리의 약함을 아시면서도, 그 약함이 우리를 제한하지 않는다고 말씀하십니다(로마 8,3). 하느님께서는 우리의 약함을 통해서 당신의 강함을 드러내실 수 있습니다. 그래서 우리의 약점은 우리를 강하게 합니다(2코린 12,9-10)! 그러나 이 약점이 소외된 사람들을 돕지 않을 변명이 되어서는 안 됩니다. 예수님께서는 무엇보다도 소외된 이, 가난한 이, 지친 이, 눈먼 이, 포로가 된 이, 억압받는 이에게 복음의 기쁜 소식을 전하기 위해 오셨습니다(루카 4,18; 마태 11,28).

더 읽어 보기

#TwGOD 1.3, 2.46-2.48, 3.50, 4.13 ; #OnlineSaints 2.24.
사회 정의 & 죄의 구조: CCC 1928-1933,
2437-2441 & 1869; CCCC 411, 518 & 400;
YOUCAT 329 & 320; DOCAT 108-111 & 191.

더 알기

No 편파, No 차별

우리는 하느님의 모상을 지니고 하느님과 닮도록 창조되었습니다(창세 1,26-27). 따라서 우리 가치는 외적인 모습에 달린 것이 아닙니다. 외적인 요소로 차별하는 것은 심각한 잘못입니다(요한 7,24; 야고 2,2-4). 바오로 사도가 세례받은 이들 가운데, "그래서 유다인도 그리스인도 없고, 종도 자유인도 없으며, 남자도 여자도 없습니다. 여러분은 모두 그리스도 예수님 안에서 하나입니다."(갈라 3,28)라고 말했습니다. 이는 모든 인간에게 적용됩니다. 우리 모두 하느님의 자녀입니다. 형제자매 가운데 하나라도 미워한다면 우리는 눈이 먼 것입니다(1요한 2,11). 사람들은 겉모습을 보지만, 하느님께서는 마음을 보십니다(1사무 16,7). 편파와 편애는 하느님의 뜻에 어긋납니다(1티모 5,21; 콜로 3,25). "하느님께서는 사람을 차별하지 않으시기 때문입니다."(로마 2,11) 야고보 성인은 이러한 차별을 죄로 여겼고(야고 2,8-9), 예수님을 믿는 이들이 그런 행동을 할 수 있는지 의문을 가졌습니다(야고 2,1-4). 마지막 때에 우리는 모든 나라와 족속과 백성과 언어권에서 온 하나의 큰 공동체가 될 것이며, 오직 사랑을 선택하느냐 혹은 거부하느냐에 따라서만 구분될 것입니다(묵시 7,9; 14,6). 모든 형태의 차별은 잘못된 것이며 죄악입니다.

기도하기

모든 이의 아버지, 저는 사람들이 편파와 차별의
희생자가 되는 것을 용납하지 않겠습니다.
모두를 위한 사회 정의에 투신할 수 있도록
저를 도와주소서.

죄의 구조

사회의 특정 구성원을 차별하거나 소외시키는 모든 행위와 구조는 공동선에 어긋납니다. 이것은 의도와 관계 없이 모두 이기적인 선택의 결과입니다. 그리스도인은 이러한 악과 싸워야 합니다. 이 악은 여러 형태를 띱니다. 예를 들어 돈이 있는 자들만 더 부유해질 수 있는 경제와 사회 제도에는 사실상 노예 제도가 숨어 있습니다. 가난한 사람들은 담보가 없기에 돈을 빌릴 수 없고, 돈이 없으면 투자나 공부를 할 수 없어서 계속 가난한 사람으로 남습니다. 이러한 현상은 우리 삶에서도 자주 일어납니다. 예를 들면 지나치게 저렴한 상품과 서비스를 소비하는 행위는 현대판 노예 제도와 억압적 사회 구조를 지지하는 것입니다.

인용문

공동선

"문제는 무엇보다도 상호 의존이니, 일종의 '덕'이라고 할 응답은 연대성이라고 하겠다. 그렇다면 연대성은 가깝든 멀든 그 많은 인간들이 겪는 불행을 보고서 막연한 동정심 내지 피상적인 근심을 느끼는 무엇이 아니다. 그와는 반대로, 공동선에 투신하겠다는 강력하고 항속적인 결의이다. 우리 모두가 모두에게 책임이 있는 만큼, 만인의 선익과 각 개인의 선익에 투신함을 뜻한다."

[요한 바오로 2세 교황, 〈사회적 관심〉, 38항]

"불의가 판치고 점점 많은 사람들이 배척당하며 기본권을 박탈당하는 세계화된 사회라는 현재 상황에서는 논리적이고 필연적으로 공동선의 원리가 곧바로 연대로의 부름이자 가장 가난한 이들을 위한 우선적 선택이 됩니다. 이러한 선택은 지상 재화의 보편적 목적을 암시하고 있습니다."

[프란치스코 교황, 〈찬미받으소서〉, 158항]

성인

불의 앞에서 미소 짓기

마르틴 데 포레스Martin de Porres는 사회 정의의 수호성인입니다. 그는 혼혈이었고 검은 피부색을 지녔으며 낮은 신분 때문에 차별을 받았습니다. 심지어 수도원에서조차 차별을 받았습니다. 그러나 그는 원망과 분노에 사로잡히지 않았습니다. 모욕은 미소로, 노예 생활은 사랑으로 대응했습니다. 이러한 그리스도인다운 태도는 인종과 혈통에 대한 편견을 바꾸는 데 일조했습니다.

생각하기

- 어떤 형태의 차별을 보거나 경험했습니까? 어떻게 대응했습니까?
- 특정 업무에서 남성이 여성보다 더 나을까요? 특정 업무에 더 뛰어난 인종이 있을까요? 그 이유는 무엇인가요?
- 여러분의 사회에 어떤 죄의 구조가 존재합니까? 그리스도인으로서 무엇을 할 수 있을까요?
- '사회 정의'는 모든 사람을 위해 더 나은 생활 환경을 조성하는 데 어떤 도움이 될 수 있습니까?

실천하기

도와주는 일은 왜 쉽지 않을까요?

약자를 옹호하고, 가난한 사람들을 도와주며, 차별을 받는 이를 위해 행동하는 일은 매우 중요한 가치이지만, 이를 실제로 실천에 옮기는 것은 생각보다 훨씬 복잡합니다.

- 가난한 이에 대한 도움은 칭찬받을 일이지만, 그 도움이 오히려 그들을 의존적으로 만들 수 있습니다. 그들에게 삶을 되찾을 기회를 제공할 때, 그들의 인간 존엄성이 더 잘 보장됩니다. 그렇다면 사람들이 여러분에게 채무감을 느끼면서, 또 다른 방식으로 노예가 되는 것을 어떻게 하면 피할 수 있을까요?
- 연대에는 희생이 따릅니다. 타인을 위해 행동해야 하는 의무에 한계가 있을까요? 예를 들어, 가정을 부양하기 위해 일을 해야 하는데, 직장 상사가 매우 냉혹하며 사람들을 차별하여 대한다는 사실을 알게 되었습니다. 그렇다면 그런 상사 밑에서 일하기 어려우니 직장을 그만두어야 할까요, 아니면 그것은 상사의 사생활이니 관심 가지지 않아도 될까요? 만약 그 상사가 직장에서도 차별 행위를 하기 시작했다면 어떻게 해야 할까요?
- 수입이 많지 않다고 가정합시다. 그동안 즐겨 입었던 저렴한 셔츠가 아동 노동으로 만들어졌다는 사실을 알게 된다면 어떻게 하시겠습니까? 그 셔츠를 더 이상 입지 않겠습니까, 아니면 아동 노동을 지지하는 상징으로 여기고 계속 입으시겠습니까? 비슷한 곳에서 만든 값싼 셔츠를 새로 사는 대신, 초라하게 입는 것을 선택하시겠습니까? 직장에 복장 규정이 있다면 어떻게 해야 할까요?

여러분의 믿음에 따라 행동하는 것은 거대한 결과로 이어질 수 있습니다. 양심에 따라 무엇이 옳고 정당한지 선택하는 것은 바로 당신입니다. 항상 기도하고, 성령의 도움을 청하며 식별하는 것을 잊지 마십시오!

요약

사회 정의란 모두에게 더 나은 삶을 뜻합니다. 자족self-sufficiency은 환상입니다.
모든 형태의 차별은 예수님의 뜻에 어긋납니다.
그분은 우리가 자유로워지고 번영하기를 원하십니다.

13

기본권이란 무엇일까요?

모든 사람에게 종교를 자유롭게 선택할 권리가 있나요?
소수 민족을 우리 사회에 얼마나 적응시켜야 할까요?

예수님께서는 우리가 충만하게 살아가며, 완전히 자유로워지길 원하십니다(루카 4,18; 요한 10,10). 하지만 절대적 자유는 이 세상에 존재하지 않습니다. 이는 오직 하느님 나라에 존재하고, 그곳에서 우리는 오직 한 가지만 갈망하게 됩니다. 곧 하느님과 형제자매를 사랑하는 것입니다. 지금 여기에서 모두가 자유로워지기 위해서는 서로 양보하고 배려해야 합니다.

음악과 침묵

우리의 자유에는 제한과 한계가 있다는 사실을 받아들여야 합니다. 도로에서 교통 규칙은 우리의 자유를 제한하지만, 우리는 모두의 안전에 그것이 더 낫다는 것을 알기에 이를 받아들입니다. 국가는 자유에 일정한 제한을 둘 수 있으며, 또 그렇게 해야 합니다. 그러나 항상 개인이나 공동체의 선善을 위해서 이루어져야 하고, 기본 인권을 존중해야 합니다. 이러한 인권은 인종, 성별, 종교, 생활 방식 등에 관계없이 모든 인간에게 적용됩니다. 생명권, 노동권, 노예제로부터의 자유, 의사 표현의 자유 등이 기본 인권에 포함됩니다.

인권

유엔 세계 인권 선언 안에는 하느님 계명을 반영하는 요소들이 많이 들어 있습니다(탈출 20,17; #TwGOD 4.9). 하지만 유엔은 그리스도교가 아닙니다. 단지 이는 인간이 관계 맺는 방식이 성경의 시각과 놀랍게도 일치한다는 것을 보여 줄 뿐입니다. 사실 이것은 그렇게 놀라운 일이 아닙니다. 왜냐하면 하느님께서 모든 인간을 창조하셨기 때문입니다. 유엔이 그리스도교적 신앙을 고백하지 않더라도, 모든 인간 존재는 하늘에 계신 같은 아버지의 자녀들입니다. 그리스도인인 우리는 그들을 형제자매로 사랑하고, 그들의 선택할 자유(혹은 거부할 자유)를 존중해야 합니다. 인권은 우리가 그렇게 하도록 도와줍니다.

더 알기

조각상 파괴?

전 세계를 다니다 보면 아프리카 사람, 아시아 사람, 유럽 사람의 모습을 한 예수님과 마리아를 볼 수 있습니다. 하느님께서는 모든 이를 위해 사람이 되셨습니다. 그리스도교는 본질적으로 다문화적이며 포용적입니다. 그러나 예술은 분열을 초래할 수도 있습니다. 때로는 오래된 기념물이나 고대 전통이 몇백 년 후 갑자기 사람들의 분노를 일으키기도 합니다. 과거의 영웅이라고 칭송받던 이들이 사실 권력을 남용하고, 노예를 소유하고, 차별 행위를 했을 수 있습니다. 이 사실은 수정주의자와 전통주의자 사이에 큰 갈등을 일으킬 수 있지만, 그리스도교의 대답은 온화와 사랑과 정의입니다. 지금 시대의 잣대로 과거를 평가하면, 오늘날 우리가 오류라고 여기는 일들을 발견하게 됩니다. 그래서 단순히 현재의 신념과 정의로 과거를 쉽게 판단할 수 없습니다. 어떤 것은 그 당시에 '일반적'으로 여겨졌을 겁니다. 그러나 어떤 행위들은 객관적으로 잘못되고 비그리스도교적인 행위입니다. 이 문제를 올바르게 해결하려면 편견 없이 연구하고 개별 상황에 대해 공정하게 바라보려는 노력이 필요합니다.

수많은 가난한 고아를 도와주었던 어떤 가족은 그 사회에서 몇 세대에 걸쳐서 많은 칭송을 받았습니다. 그런데 사실 그 가족이 많은 노예를 부렸다는 사실을 알게 됩니다. 그들이 좋은 일을 많이 했다고 해도, 노예제가 정말 나쁜 제도라는 사실이 바뀌지는 않습니다. 하지만 노예 제도를 비난하면서도, 노예들에게 특별히 친절하고 자비로웠던 모습은 인정할 수 있습니다. 지나간 일은 지울 수 없기에, 과거와 함께 오늘을 살아갈 최선의 방법을 찾아야 합니다. 사람들이 유용하게 사용하는 터널이 사실 노예들의 생명을 바탕으로 만들어졌다는 사실을 알게 된다면 사용하지 않을 것입니까? 아니면 터널을 잘 이용하면서 그들의 노고와 고통을 기릴 것입니까? 불의에 대한 경고로서 기념물로 보존하는 것이 더 효과적일 수 있습니다. 또 사회의 다른 사람들이 어떤 전통을 불쾌하게 여긴다면 (그 전통이 잘못된 것이 아닐지라도) 그것을 바꾸는 것이 정의를 실현하는 데 도움이 될 수 있습니다. 어떤 결정을 내리든지 마지막 기준은 사랑이어야 합니다.

종교의 자유

종교의 자유는 인간의 기본권 중 하나입니다(1베드 2,16). 진정한 자유가 있을 때 하느님께서 주신 크신 사랑의 응답으로서 하느님을 사랑할 수 있습니다. 저는 여러분이 어떤 종교를 선택해야 하는지 정해 줄 수 없습니다. 단지 저는 여러분이 그리스도인이 된다면 더 행복할 수 있다고 깨닫길 바라며 기도할 뿐입니다. 하지만 여러분에게 선택할 자유도 있어야 합니다. 저 또한 저의 종교적 선택에 있어서 자유로울 수 있기를 바랍니다. 우리는 모든 사람과 복음의 기쁜 소식을 나눌 수 있고, 또 나눠야 합니다(마태 28,19). 그러나 우리는 다른 종교를 가진 이들을 있는 그대로 받아들여야 하고, 우리가 우리의 종교를 자유롭게 실천하고 싶은 것처럼, 그들도 그들의 종교를 자유롭게 실천할 수 있는 자유를 주어야 합니다.

더 읽어 보기

#TwGOD 1.8, 2.26, 4.45;
#OnlineSaints 1.15, 1.29.
다른 종교들: CCC 839-848;
CCCC 169-171; YOUCAT 135-136;
DOCAT 327-328.

기도하기

사랑과 자유의 하느님,
모든 사람의 자유를 존중하면서도 그들과 사랑하며
살아갈 수 있도록 도와주소서.

한계와 권리

기본권은 존중되어야 하지만 한계도 분명히 존재합니다. 예를 들어 어느 한 종교 단체가 그들의 신에게 인신 공양을 하려고 한다면, 우리는 이를 막아야 합니다. 이 경우에 종교의 자유라는 기본권은 생명권이라는 기본권과 충돌합니다. 그러나 소수 종교들을 주류 종교에 완전히 적응시켜야 한다는 말은 아닙니다. 그들도 자신들의 권리가 있습니다.

인용문

인권

"세계 인권 선언은 다양한 종교 · 문화적 전통이 융합된 결과물이며, 이 모든 전통은 인간을 제도, 법률, 사회 운영의 중심에 두고, 문화, 종교, 과학의 세계에 본질적인 존재로 여기려는 공통된 열망에서 비롯되었습니다. 이러한 전통들은 인간의 마음에 새겨져 있으며 다양한 문화와 문명에 존재하는 자연법에 기반을 두고 있습니다. 다양한 관점들이 존재한다 해도, 권리가 보편적일 뿐만 아니라, 그 권리의 주체인 인간 또한 보편적이라는 사실이 흐려져서는 안 됩니다."

[베네딕토 16세 교황, 유엔 총회 연설, 2008년 4월 18일]

"세계 인권 선언은 교회의 사회교리가 요구하는 온전한 인간 발전을 지지합니다. 일부 권리에 대한 해석은 점진적으로 변화했습니다. 많은 나라의 문화와 충돌하는 논쟁적인 인권 개념들이 제시되었습니다. 그 나라들은 자신들의 사회 문화적 전통이 존중받지 못하고 있으며, 오히려 직면해야 할 진정한 필요와 관련하여 소홀히 여겨진다고 생각합니다. 동시에 개별 민족의 전통은 세계 인권 선언에서 선포된 기본권에 대한 마땅한 존중을 무시하기 위한 구실이 될 수 없음을 기억해야 합니다."

[프란치스코 교황, 외교단 구성원들에게 한 연설, 2018년 1월 8일]

성인

그리스도교 박해

마리예 투치Marije Tuci와 예지 포피엘루슈코Jerzy Popieluszko는 무신론을 강요하는 공산주의 정권 아래에서 박해를 받았습니다. 그들은 종교의 자유를 부르짖으며 부당한 탄압에 평화롭게 저항했습니다. 역설적으로 그들이 겪은 박해와 잔혹한 죽음은 신자들에게 더 큰 영감을 주었습니다. 안타깝지만 오늘날에도 많은 그리스도인들이 신앙을 이유로 박해를 받고 있습니다.

생각하기

- 세계의 모든 사람에게 동일한 기본권을 누리게 하는 것은 가능할까요? 어떻게 실현할 수 있을까요?
- 언론 자유에 제한이 있어야 할까요? 그 이유는 무엇인가요?
- '종교와 인권은 양립할 수 없다.' 이 말에 동의하나요?
- 여러분은 누군가의 종교적 표현을 막고 싶다고 생각한 적이 있나요?

실천하기

종교의 자유는 실제로 어떻게 이루어질까요?

종교의 자유라는 기본권은 사람들을 복잡한 결정 앞에 서게 할 수 있습니다. 타인의 자유를 존중하면서, 동시에 자신의 자유를 행사하려면 어떻게 해야 할까요? 어디까지 적응하는 것이 바람직할까요?

- 그리스도인이 가장 높은 비율을 차지하는 나라를 생각해 보십시오. 무신론자 여성은 청바지 대신에 엄격한 그리스도인 고용주가 요구하는 치마를 입어야 할까요? 그리스도인 여성은 무슬림 고용주가 요구하는 대로 머리를 가려야 할까요? 무슬림 여성은 그리스도인 고용주와 일할 때도 히잡을 착용할 자유가 있나요? 응급 구조 요원은 동성의 사람만이 자기 몸에 손을 댈 수 있게 하는 환자의 뜻을 존중해야 할까요? 이것이 차별 행위일 수 있고, 환자의 생명을 위협하는 상황인데도 불구하고, 이를 따라야 할까요?
- 무슬림이 가장 높은 비율을 차지하는 나라를 생각해 봅시다. 그 나라에서는 여성이 공공장소에서 히잡을 쓰는 것이 일반적인 관행입니다. 그리스도인 여성도 이를 따라야 합니까? 엄격한 무슬림은 술을 마시지 않는다고 해서, 유대인도 술을 마시면 안 됩니까? 무신론자 여성이 공공장소에서 그녀의 남편에게 순종하는 태도를 가져야 할까요?
- 모스크에서 여자들이 머리를 가리거나, 회당에서 남자들이 키파를 쓰고, 교회에서 남자들이 모자를 벗는다면, 그 행위는 그곳의 신에게 행한 경배가 아니라, 그곳에서 예배하는 사람들에게 존중을 표현한 것입니다. 하지만 다른 종교를 어디까지 존중해야 할까요? 내가 착용한 작은 십자가 목걸이가 다른 사람을 불편하게 한다면 벗어야 합니까? 사회적 평화를 유지하기 위해서 모든 사람은 종교적 상징을 삼가야 할까요? 아니면 이러한 상징을 개인적 삶의 일부로 받아들여야 할까요?

이 질문에 대한 답은 상황에 따라 달라집니다. 이것은 기본권의 충돌에서 비롯되는 문제입니다. 개인이 자신의 종교를 행사하는 것은 매우 기본적인 권리입니다. 하지만 가장 중요한 원리는 사랑입니다!

요약

모든 인간은 생명권, 종교권, 자유권, 노동권 등을 갖습니다.
절대적인 자유는 존재하지 않습니다.
우리는 서로의 자유를 보장하기 위해서 우리의 방식을 변화시켜야 합니다.

14

온 세상에 평화가 이뤄질 수 있을까요?

나도 평화를 이루는 데 기여할 수 있을까요?
집단 학살, 독재 정권, 합방, 무기 거래에 우리는 어떻게 대응하여야 할까요?

진정한 평화는 본질적으로 부, 자원, 기회의 공평한 분배 및 정의와 관련됩니다. 세계의 주교들은 "평화는 단순한 전쟁의 부재가 아니"라고 말했습니다(《기쁨과 희망》 78항). 평화는 대립하는 세력 사이의 단순한 힘의 균형을 넘어서는 것입니다. 평화는 온 인류를 아우르는 정의의 사업입니다. 인간적인 눈에는 온 세상의 평화는 불가능한 것처럼 보입니다. 하지만 평화의 하느님께서 이 순간 우리와 함께 계시고 싶어 하십니다(로마 15,33). 예수님께서는 평화의 임금으로 선포되셨습니다(이사 9,6). 예수님께서는 우리에게 이렇게 말씀하십니다. "나는 너희에게 평화를 남기고 간다. 내 평화를 너희에게 준다."(요한 14,27) 그리스도인인 우리는 이 세상에 지속적인 평화를 이룩하기 위해 우리가 할 수 있는 모든 것을 해야 합니다.

우리 삶 안의 평화

우리가 세상 평화에 기여할 수 있는 첫 번째 방법은 먼저 우리 삶에서 평화를 이루는 것입니다. 인간은 마음속에 분노, 증오, 폭력을 지니고 있기에, 자기 삶에서 평화를 이루는 것 자체가 상당한 도전입니다. 하지만 성인들은 어떻게 이러한 부정적인 감정을 흘려보내고, 예수님께서 주시고자 하셨던 평화로 채웠는지 알려 줍니다. 규칙적으로 기도하면서 하느님의 평화로 천천히 여러분을 변화시키십시오. 여러분은 교회나 수도원에서, 또 울타리에 둘러싸인 정원이나 탁 트인 바다 앞에서 평화를 느껴 본 적이 있을 것입니다. 또 그저 함께 있는 것만으로도 여러분을 평화롭게 하는 사람도 있습니다. 하느님의 은총으로 여러분도 이와 같은 평화의 표지가 될 수 있습니다. "행복하여라, 평화를 이루는 사람들! 그들은 하느님의 자녀라 불릴 것이다."(마태 5,9)

상호 신뢰

평화를 증진하는 방법은 여러 가지가 있습니다. 국가는 갈등 당사자들 사이의 외교 협상에서 중립적인 장을 제공하고 온건한 분위기를 조성할 수 있지만 일상적인 차원에서도 평화에 기여할 수 있습니다. 학교에서 이웃을 사랑하는 원리, 심지어 원수를 사랑하라는 그리스도교의 원리를 가르치면서 평화를 도모할 수 있습니다. 또 양측의 일반 사람들을 모아 형제애를 경험하게 하는 것도 하나의 방법입니다. 해결책을 찾는 데 가장 중요한 것은 생각이 아니라 사람입니다. 종종 오해와 불신 때문에 갈등이 지속되고, 깊어집니다. 상호 신뢰를 증진하는 것은 지속적인 평화를 위해 매우 중요한 단계입니다. 요한 23세 교황님께서는 다음과 같이 말씀하셨습니다. "사실 개인들 안에 평화가 없다면, 곧 각자가 자신 안에서 하느님께서 원하시는 질서를 지키지 않는다면, 평화는 이루어지지 않는다."(《지상의 평화》 165항)

중재인가 개입인가?

독재자, 집단 학살, 점령 등으로 고통받는 민족에게 군대를 파견해야 합니까? 아니면 국가의 국제적 개입은 중재를 넘어설 수 없습니까? 특정한 상황에서 대답하기 어려운 문제이며, 전반적으로 대답하기에도 매우 복잡한 문제입니다. 약하고 소외된 사람들을 보호하는 것이 그리스도인의 의무라는 것은 분명한 사실입니다. 또한 고통받는 이들을 보호하기 위해서 무장 저항도 적절하게 행사할 수 있습니다(#TwGOD 4.43). 하지만 폭력적 저항은 항상 공격의 강도에 비례해야 하고, 인명 피해를 최소화해야 합니다.

그리스도교에는 '정의로운 전쟁'이라는 개념이 있습니다. 특정 상황에서는 전쟁이 평화를 얻기 위한 유일한 수단일 수 있다는 뜻입니다. 물론 전쟁은 평화를 얻기 위한 다른 모든 방법이 시도된 후에 사용되어야 합니다(#TwGOD 4.44). 그러나 원인이 무엇이든 전쟁은 항상 인류의 패배를 뜻합니다. 전쟁은 결코 정의로울 수 없기에, 우리는 '정의로운 전쟁' 대신 차라리 '정의로운 평화'라고 말합니다. 정의로운 평화를 가져오기 위해서 할 수 있는 모든 일을 하는 것이 그리스도인의 의무입니다. 모든 군대는 궁극적으로 세계 평화를 실현함으로써, 점차 자기 존재의 필요성이 감소하고, 종국에는 완전히 사라지는 것을 목표로 합니다(#TwGOD M.1).

더 알기

무기 거래?

두 나라 사이에 무력 분쟁이 있을 때, 우리나라가 한 나라를 지지하면서 동시에 다른 나라에도 무기를 판매한다면 어떻겠습니까? 안타깝게도 이런 일은 생각보다 더 자주 일어납니다. 무기의 생산, 판매, 소유는 다른 무역과 다르며, 중대한 윤리 · 사회적 문제와 연관됩니다. 무기가 파괴적일수록 관련자들의 도덕적 책임은 더욱 커집니다. 핵무기와 집속 폭탄Cluster bomb은 파괴적이어서, 그것을 사용하는 것은 물론 소유하는 것도 도덕적으로 용납될 수 없습니다.

더 읽어 보기

#TwGOD 4.42-44; #OnlineSaints 1.11, 2.26-27.
평화: CCC 2263-2265, 2304-2317; CCCC 467, 481-486; YOUCAT 380, 395-399; DOCAT 67-68, 270-300.

기도하기

평화의 하느님, 평화의 임금이신 예수님을
우리에게 보내 주심에 감사드립니다.
제가 모든 사람과 평화를 이루고, 제 주변에
평화를 전할 수 있도록 도우소서.

화해

화해는 평화를 이루어 가는 데 매우 중요한 단계입니다. 주님의 기도는 "저희에게 잘못한 이를 저희도 용서하였듯이 저희 잘못을 용서하시고"(마태 6,12)라고 이를 구체적으로 요구합니다. 말하기는 쉽지만, 이를 실현하려면 의지가 필요합니다. 하느님께서는 예수님을 통해 우리를 당신과 화해시키셨습니다. 그리고 우리에게 화해의 사명을 맡기셨습니다(2코린 5,18). 당사자들이 화해하도록 노력하는 사람들은 하느님의 일을 하는 것입니다. "행복하여라, 평화를 이루는 사람들!"(마태 5,9)

인용문

평화는 가능합니다.

"전쟁 무기의 균형으로 평화가 이룩되는 것이 아니고 상호 신뢰에 의해서 참된 평화가 확립된다는 원리를 이해해야 한다."

[요한 23세 교황, 〈지상의 평화〉, 113항]

"군비 경쟁은 소중한 자원을 낭비합니다. 이 자원은 인류의 온전한 발전과 자연환경 보호에 더 잘 활용될 수 있습니다. 수백만의 어린이와 가족들이 비인도적인 환경에 처해 있는 이 세상에서, 돈을 낭비하고, 점점 더 파괴적인 무기를 제조, 개량, 유지, 판매하면서 부를 벌어들이는 일은 하느님에 대한 모욕입니다. 핵무기가 없는 평화로운 세상은 전 세계 수백만 남녀의 염원입니다."

[프란치스코 교황, 핵무기에 관한 연설, 2019년 11월 24일]

"결국 평화는 본질적으로 구조에 대한 것이 아니라 사람에 관한 것입니다. 법적 정치적 경제적인 면에서 평화의 구조나 장치는 물론 필요하고 또 존재하고 있지만, 그것들은 역사적으로 희망을 버리지 않고 절망에 굴복하지 않은 사람들의 무수한 평화의 행위로 축적된 지혜와 경험에서 비롯된 것입니다. 평화의 행위는 무엇보다도 자신들의 마음 속에서 평화를 키우는 사람들의 삶에서 비롯됩니다. 평화의 행위는 사람들이 그들 삶의 공동체적인 차원을 온전히 인식하고 자신들의 공동체와 세계에서 일어나는 사건들의 의미와 결과를 파악할 때 가능합니다."

[요한 바오로 2세 교황, 제36차 세계 평화의 날 담화, 9항]

성인

평화를 위한 자세

시에나의 카타리나 성녀의 삶은 위대한 신앙을 보여 줍니다. 성녀는 가난한 사람과도, 교황님과도 대화했습니다. 그녀는 피렌체 공국의 대사로서 평화를 이루기 위해 노력했고, 아비뇽 유수 시절 교황에게 로마로 돌아가라고 직접 말했습니다. 그리고 교황은 로마로 돌아갔고, 피렌체와 로마는 평화 조약을 맺었습니다. 성녀가 보여 준 모범과 기도는 계속해서 우리에게 큰 영향을 미치고 있습니다.

생각하기

- 교회에서 '평화가 여러분과 함께'라는 말을 듣습니다. 이 평화는 무엇을 의미합니까?
- 화해에 대한 경험이 있으십니까? 다른 사람들이 화해하도록 어떻게 도울 수 있을까요?
- 사람들은 종교가 많은 전쟁을 일으켰다고 생각합니다. 이 말이 사실이라고 생각하십니까? 그 이유는 무엇인가요?
- 평화를 증진하기 위해서 개인적으로 무슨 일을 할 수 있을까요?

실천하기

세계 평화가 가정에서 시작한다는 것은 무슨 뜻일까요?

세계 평화를 위해서 우리가 할 수 있는 일은 많지 않습니다. 하지만 할 수 있는 일을 생각해 봅시다!

- '폭력과 전쟁으로 고통받는 이들이 있는데, 내가 자유롭게 살아서 죄책감이 들어요.' 이러한 감정을 느낀다면, 올바른 마음을 가지고 있는 것입니다. 마음으로 고통받는 사람들과 함께하며, 그들을 위해 기도하는 것이 모든 실천의 시작입니다. 주변에 평화를 퍼뜨리기 위해서 작은 일부터 실천할 수 있습니다. 어떤 일을 할 수 있을까요?
- 내면의 평화를 위한 노력도 평화를 이루는 데 큰 도움을 줍니다. 하루에 평화로운 순간을 마련할 수 있습니다. 이러한 순간은 우리가 상황을 차분하게 대처할 수 있게 합니다. 이를 통해서 여러분 자신과 다른 사람에게 평화를 가져올 수 있습니다.
- 기도 안에서 모든 평화의 근원이신 하느님께 여러분 자신을 개방합니다. 이러한 기도는 반드시 여러분의 삶에 영향을 줄 것입니다. 예를 들어 다른 사람을 위해 기도하는 것은 전쟁터에 있는 사람과 함께하는 훌륭한 방법입니다. 때때로 평화를 위해 기도하십니까?
- 여러분은 외교관이 될 수 있고, 군대에 입대할 수 있습니다. 또 양심적 병역 거부자가 될 수도 있습니다. 여러분이 어떤 선택을 내리든지, 마음속 깊은 곳에서 하느님과 함께 선택하고 결정해야 합니다. 이런 방식으로 평화에 기여하시겠습니까?

평화로 이끄시는 예수님께 자신을 맡길 때, 여러분도 세계 평화가 유지되는 데 실질적으로 기여할 수 있습니다. 모두 그렇게 한다면, 세상은 정말 달라질 것입니다!

요약

하느님의 도움으로 세계 평화는 가능합니다!
세계 평화를 위해서 여러분이 가장 먼저 해야 할 것은 여러분의 삶에 평화를 가져오는 것입니다.
그리고 사회 불의를 막기 위해 할 수 있는 모든 것을 해야 합니다.

15

"원수를 사랑하라."는 가르침을 따를 수 있을까요?

그리스도교와 군대는 비슷한 점이 있나요?
자신을 위한 길과 공동선을 위한 길 사이에서 나는 어떤 선택을 해야 할까요?

"너희는 원수를 사랑하여라. 너희를 미워하는 자들에게 잘해 주고, 너희를 저주하는 자들에게 축복하며, 너희를 학대하는 자들을 위하여 기도하여라."(루카 6,27-28) 이 말씀은 아마도 예수님의 가르침 중에서 가장 논쟁적인 말씀일 것입니다. 오늘날에도 우리는 이 말씀을 따르는 데 어려움을 겪습니다. 우리 자신이나 우리가 사랑하는 사람에게 피해를 끼친 범죄자, 우리에 대해 거짓말을 퍼뜨리는 험담꾼, 우리에게 폭탄을 던지는 테러리스트를 어떻게 사랑할 수 있겠습니까?

성인들

이는 원수로 남을 그들을 사랑하라는 말씀입니다(1요한 4,8). 하느님께서 사랑으로 우리를 창조하셨기에, 사랑은 우리 모든 존재의 토대입니다. 누군가를 미워할 때보다 사랑할 때 마음이 훨씬 좋아집니다. 원수에 대한 사랑도 그렇습니다. 하지만 사랑보다 미움이 먼저 오기 쉽습니다.

인간의 얼굴

우리는 무엇보다 먼저 기도해야 합니다. 혼자서는 원수를 사랑할 수 없습니다. 원수를 사람으로 보도록 노력하십시오. 얼굴, 두려움, 걱정, 욕망을 지닌 사람으로 본다면, 그들을 더 인간적으로 바라볼 수 있고, 어쩌면 더 호감을 가지게 될 수도 있습니다. 또 그들의 관점에서 상황을 바라보고, 우리의 신념을 어느 정도 포기할 준비를 해야 합니다. 더 나아가 다른 사람의 나쁜 본보기를 따르지 마십시오. 안타깝게도 교회 안에서조차 어떤 사람들은 항상 다른 사람을 가혹하게 판단할 준비가 되어 있습니다. 원수에 대한 용서와 그들을 위한 기도는 사랑으로 나아가는 중요한 단계입니다(마르 11,25; 마태 5,44).

네, 우리는 할 수 있습니다!

원수를 사랑하는 법을 배울 수 있습니다. 예수님께서는 당신을 십자가에 못 박은 사람들을 위해서 사랑으로 기도하셨습니다(루카 23,34). 하느님께 은총을 청하면서 진심으로 노력한다면, 여러분도 할 수 있습니다. 예수님의 모든 제자가 이 계명을 제대로 실천한다면 어떤 일이 일어날지 상상해 봅시다. 우리가 이 세상에 저질러 놓은 혼란에서 위대한 한 발을 내딛는 것입니다!

더 알기

가톨릭 교회와 군대

바티칸에는 스위스 근위병이 있습니다. 이들은 다른 군인보다 더 화려한 군복을 착용하고, 더 적게 무장했습니다(#TwGOD 2.6). 군대 복무와 교회 봉사 사이에는 흥미롭게도 비슷한 점을 찾아볼 수 있습니다. 형제애와 전우애의 개념을 생각해 보십시오. 이 사람들은 형제애와 전우애로 더 큰 전체를 위해 작은 것이라도 이바지하려 합니다. 또한 명확한 도덕 기준, 전통, 의식, 제복, 위계질서도 유사합니다.

또 다른 유사점은 공동의 목표를 향해 진지하게 헌신한다는 점입니다. 관공서의 사무관들은 일 때문에 위험해진다면 바로 그만두겠지만, 군인들은 그렇지 않습니다. 군인들은 더 큰 선을 위해서, 필요하다면 자신의 생명을 걸고서라도 복무하겠다고 약속했습니다. 그리스도인들도 하느님의 원수에 굴복하지 않고 자신의 목숨을 기꺼이 내어놓도록 불렸습니다. 하느님의 원수는 우리를 선하고 아름답고 참된 모든 것으로부터 떨어뜨리려 합니다(1베드 5,8).

군 입대는 공동선에 봉사하기 위해 이타적인 열망에서 비롯되어야 합니다. 물론 군대가 주는 직위, 교육 기회, 고정 수입, 모험심과 같은 직업적 매력이 있었을 것입니다. 마찬가지로, 사람들은 교회에 들어올 때 "내게 무슨 이득이 있지?"라고 물을 것입니다. 자신에게보다 예수님께 헌신하고자 하는 열망이 있어야 합니다. 하지만 대부분 우리는 완전하게 이타적으로 살아가는 방식과 거리가 멉니다. "이제는 내가 사는 것이 아니라, 그리스도께서 내 안에 사시는 것입니다."(갈라 2,20)라고 말할 수 있는 충만한 이타적인 삶은 아직 멀었습니다.

물론 교회와 군대의 차이점도 있습니다. 교회는 평화를, 군대는 전쟁을 상징한다고 생각할 수 있습니다. 하지만 이는 사실이 아닙니다. 군대의 궁극적 목표는 온 세상에 평화가 이루어지면서, 군대의 존재가 사라지는 것이기 때문입니다. 군대는 일시적이며, 이 세상에서만 그 역할을 합니다. 교회는 초자연적 기원을 가지고 있으며, 하느님께서 우리를 하느님 나라로 인도하기 위해 세우셨습니다. 군대가 국민을 위해 봉사하듯이 모든 신자는 함께 교회를 이루고, 모두 교회의 사명에 동참하도록 부름받았습니다.

더 읽어 보기

#TwGOD 4.3, 4.44; #OnlineSaints 1.2, 1.43.
원수를 사랑하여라: CCC 2608, 2646, 2844;
CCCC 544, 554, 595; YOUCAT 34, 487.

기도하기

모든 것의 하느님,
원수를 사랑하고 공동선에 봉사하면서
제가 행복해질 수 있다는 것을 알게 하소서.
이것은 당신을 사랑하고 섬기는 것이기 때문입니다.

제도적 균형

민주주의는 권력을 분산시키고, 분산된 권력 사이의 균형을 바탕으로 하는 정치 체제입니다. 입법권은 법을 제정하고, 행정권은 법을 집행하며, 사법권은 법이 적절하게 준수되는지 확인합니다. 각 권력은 본질적으로 다른 권력을 견제하여 공공선을 실현하고 체제가 권력을 남용하지 않도록 합니다. 그러나 그것으로 충분하지 않습니다. 예를 들어 언론인들은 정부를 통제하고 권력 남용을 고발하는 중요한 역할을 합니다.

교회도 여기에 중요한 역할을 하는데, 대개 국가와 분리되어 있습니다. 교회의 메시지는 사회의 공동선을 위해 중요한 역할을 합니다. 교회는 모든 사람에게 그리스도의 평화와 사랑을 전하고자 합니다. 경찰과 군대는 행정권의 강력한 도구입니다. 그들의 주요 임무는 평화 증진입니다. 평화는 모든 사람의 공동선에 매우 핵심적인 것으로 여겨집니다. 그래서 해외 선교를 통해 평화가 전해지기도 합니다. 마찬가지로 교회의 선교사들은 사람들이 있는 곳이라면 어디나 하느님의 사랑을 전하고 장려하기를 원합니다(마르 16,15).

인용문

전투

"하느님에 대한 경배는 증오의 문화와 반대됩니다. 증오의 문화는 불평의 숭배에 맞서 싸우면서 이겨 낼 수 있습니다. 우리는 무엇이 부족하다고, 혹은 무엇이 잘못되어 간다고 얼마나 자주 불평합니까! 예수님께서는 모든 것이 잘 되어 가지 않음을 알고 계십니다. 우리를 싫어하는 사람이 있으며, 우리 삶을 비참하게 만드는 사람도 있다는 것을 잘 알고 계십니다. 예수님께서 우리에게 바라시는 것은 기도하고 사랑하는 것뿐입니다. 이것이 예수님의 혁명이며, 역사상 가장 위대한 혁명입니다. 원수에 대한 미움에서 사랑으로, 불평하는 문화에서 선물의 문화로 변화합니다. 예수님께 속하는 우리는 이 길을 가도록 불렸습니다! 다른 길은 없습니다."

[프란치스코 교황, 바리에서 강론, 2020년 2월 23일]

성인

하느님과 조국에 봉사하기

헨리 도머Henry Dormer는 영국의 군인 가문 출신입니다. 그는 제60연대(왕립 소총 연대)의 소위로 임관했고, 1866년 캐나다의 런던으로 파견되었습니다. 동료 장교들은 금방 헨리의 깊은 신심을 알게 되었습니다. 그는 자주 가난하고 병들고 노쇠한 사람들을 돌보았으며, 자신의 신앙을 말하는 데 거리낌이 없었습니다. 그는 21세에 장티푸스로 세상을 떠났고, 장례는 군인장으로 치렀습니다.

생각하기

- 여러분의 말로 '공동선'을 어떻게 정의할 수 있나요? 그리고 이에 어떻게 기여할 수 있나요?
- 군인이나 공무원이 되겠다고 생각하신 적이 있으신가요? 이런 일이 중요한가요?
- 돈이 없어 굶주리는 사람들이 있는데, 군사적 평화 유지 임무를 위해 무기에 투자를 하는 것이 올바른 생각인가요? 그 이유는 무엇인가요?
- 그리스도인은 절대적인 평화주의자가 되어야 할까요? 그 이유는 무엇인가요?

실천하기

공동선에 봉사?

사람은 홀로 고립되어 살아가는 존재가 아니라, 항상 타인과의 관계 속에서 살아갑니다(로마 14,7). 여러분은 사회의 일원이기 때문에, 사회의 '공동선'에 봉사하면서 타인과 자신 모두에게 봉사하게 됩니다. 그러면 왜 그렇게 많은 사람이 오직 자신만을 위해 살까요?

- 개인보다 공동체를 더 중요하게 여기는 문화권에서 태어났거나, 혹은 대가족에서 자란 경우에는 공동체의 이익을 위해 자신의 욕구를 어느 정도 포기하는 데 익숙할 것입니다.
- 반대로 서구 사회처럼 개인주의가 강한 사회에서는 공동체를 위해 희생하기는 훨씬 더 어렵습니다. 그들은 먼저 자신을 위해 결정하기에 익숙합니다.
- 개인주의적 사회는 공동체적 사회보다 공동선을 위해 싸운 참전 용사나 응급 구조 요원들의 희생을 덜 중요하게 생각합니다.
- 특히 서구 사회에서는 많은 사람이 사적 생활에서 행복을 느끼지만, 사회의 공적 생활에 관해서 꽤 부정적일 수 있습니다. 이러한 의식은 공동선 증진을 더욱 어렵게 합니다.
- 예수님께서는 타인을 위해 봉사하는 것과 자신을 위해 봉사하는 것을 분명하게 구분하지 않으셨습니다. "그러므로 남이 너희에게 해 주기를 바라는 그대로 너희도 남에게 해 주어라."(마태 7,12)

공동선을 위한 봉사는 개인과 공동체 모두에게 행복을 가져다줍니다. 그런데 이를 깨닫기 위해서는 개인적 회개가 필요합니다.

요약

원수를 사랑하는 것은 믿음으로 가능합니다. 가톨릭 신자와 군인들은 공동선을 위해 헌신합니다. 여러분은 관계적 존재이기 때문에, 공동선은 곧 여러분의 선이기도 합니다.

청년이 알아야 할 사회교리 Q&A

여러분의 이웃은 하느님이십니다

하느님 나라의 일꾼 : 경제와 노동

16

어떻게 나의 직업으로 하느님을 섬길 수 있을까요?

나는 노동권이 있나요? 실업 상태는 비그리스도교적 상황일까요?
교회와 일 가운데 하나를 선택해야 한다면 어떻게 해야 할까요?

예수님께서는 일, 특히 육체노동이 매우 중요하다고 가르치십니다(마태 13,3-8; 요한 6,27). 하느님께서는 최초의 사람에게 "땅을 일궈라."(창세 2,15) 하고 명하셨습니다. 일은 가사 활동이나 봉사 활동 등 모든 유익한 활동이 포함됩니다. 예수님께서는 목수로 일하셨습니다(마르 6,3). 일은 인간의 존엄성을 깨닫고 하느님을 섬기며 거룩함으로 나아가는 길입니다. 거룩하게 되는 것(성화)은 우리 삶의 궁극적인 목표입니다(1테살 4,3). 우리는 일을 통해 영원한 삶을 준비합니다.

소명으로서 일

경제적 측면에서 공정한 임금을 받고 일할 권리는 인간의 기본적 권리입니다. 이 권리는 사유 재산권과 노조 가입권 및 경제적 주도권의 행사권도 포함합니다. 동시에 노동자는 좋은 일을 하고, 근면하고 정직해야 하며, 모두의 선익을 위해 일해야 합니다. 모든 직업은 소명으로 생각할 수 있습니다. 하느님께서 명하신 대로 '땅을 일구는'(창세 2,15) 것이기 때문입니다. 하느님께서는 우리 각자를 위한 계획이 있으십니다(#TwGOD 4.1). 그분이 여러분을 창조하셨기에, 여러분은 자기 소명에 대한 답을 내면의 깊은 곳에서 찾을 수 있습니다.

노동 환경

산업 혁명 때 소수의 사업가는 엄청난 부자가 되었지만, 노동자들은 매우 열악한 환경에서 일했습니다. 많은 노동자는 매일 12시간에서 14시간 동안 고된 업무에 시달렸습니다. 어둡고 더러운 공장을 상상해 보십시오. 그곳은 유독 가스를 내뿜는 시끄러운 기계들로 가득 차 있습니다. 광부들을 상상해 보십시오. 그들은 땅속 깊은 곳으로 들어갑니다. 이런 노동 상황은 인간 존엄성에 위배됩니다. 노동조합이 없었기에 노동자들의 권리는 고용주의 자비에 맡겨져 있었습니다. 좋은 고용주가 되기 위해 노력하는 훌륭한 사장도 있었지만, 공장의 환경은 오늘날 기준에서 보면 극도로 열악했습니다. 사고로 인해 장애인이 되었다면 남은 평생을 가난하게 살아야 했습니다.

새로운 사태

이러한 상황에 대응하여 레오 13세 교황님께서는 〈새로

더 알기

일인가 교회인가?

때로는 일 때문에 교회에 가지 못할 때도 있습니다. 하느님께서는 여러분이 생계를 위해 일을 해야 함을 잘 아십니다. 그래서 어쩔 수 없는 이유로 교회에 가지 못한다면, 하느님께서는 화를 내지 않으실 것입니다. 하지만 여러분은 일할 권리만이 아니라, 자유롭게 종교 활동을 할 권리도 있습니다. 모든 직원이 돌아가며 주일과 공휴일에 가끔 일하는 근무표와 여러분의 권리를 구조적으로 침해하는 근무표는 다릅니다. 주일에 근무를 나가게 된다면, 잠시 시간을 내어 조용히 기도하고 하느님께 감사드리면 됩니다. 그리고 토요일 저녁이나 주중에 교회에 가십시오.

하느님께서는 세상 창조 후 휴식을 취하셨고(창세 2,2-3) 우리에게도 매주 휴식을 취하라고 명하셨습니다(신명 5,14). 그리스도교는 초기부터 '주간 첫날'을 특별히 주님께 예배를 드리는 날로 정했습니다(사도 20,7). 그리스도교 국가에서 주일은 대부분의 상업 시설과 공장이 문을 닫는 휴일입니다. 구약 성경에서 유다인들은 안식일(토요일)에는 어떠한 일도 할 수 없었습니다. 그래서 유다인의 안식일과 같은 개념인 주일에 누구도 일을 해서는 안 되는 것처럼 보입니다. 예수님께서는 일반적으로 이 원리를 옹호하시지만, 동시에 우리가 안식일을 위해서 사는 것이 아니라, 우리의 유익을 위해서 산다고 말씀하셨습니다(마르 2,27). 주일에 일을 해야 하는 사람도 있겠지만, 주일 휴식을 완전히 포기하는 것은 우리 사회에 그다지 좋은 생각이 아닙니다.

운 사태Rerum Novarum〉라는 제목의 공개 서한을 작성하였습니다. 교황님께서는 오늘날에도 통용되는 노동의 몇 가지 원리를 제시했습니다. 더 나은 노동 조건과 임금을 요청했고, 또한 노동조합을 결성할 권리를 인정했습니다. 교황님께서는 사회주의와 제한 없는 자본주의 둘 모두를 거부했습니다. 사유 재산은 정당한 권리이지만, 모든 사람이 공정하게 대우받도록 자유 시장은 규제되어야 합니다. 〈새로운 사태〉가 이 주제를 명시적으로 언급한 첫 번째 교황 문헌이었지만, 교회 안에서 이러한 생각은 이미 있었습니다. 성경은 노동자를 억압하거나(야고 5,4-5), 불의하게 대하거나(예레 22,13), 임금을 지급하지 않는(신명 24,14) 사람들을 단죄합니다. 고용주가 각자에게 정당한 임금을 지급한다면, 노동자마다 다른 임금을 지급할 수 있습니다(마태 20,16).

더 읽어 보기

#TwGOD 4.1-6, 4.9; #OnlineSaints 1.8-10, 1.12-14.
평신도의 소명 & 일: CCC 897-913 & 2426-2431;
CCCC 188-191 & 513-514; YOUCAT 139 & 444;
DOCAT 134-140.

기도하기

사랑하는 하느님,
제 일을 통해 제 소명을 실현할 수 있음에 감사드립니다.
모든 사람이 좋은 근무 환경과 정당한 임금을
보장받을 수 있게 하소서.

공동선

모든 사람이 자기가 꿈꾸던 직업을 얻지 못하더라도, 모든 일은 공공선에 기여합니다. 일한 대가로 정당한 임금을 받는다고 해서 부끄러워하거나 자신이 탐욕스러운 것 아닌가 생각할 필요는 없습니다. 하지만 만약 좋은 급여를 받는다면 더 적게 받는 형제자매들과 그 일부를 나눌 수 있습니다. 아니면 그들에게 일자리를 제공하여 존엄한 삶을 영위하도록 할 수도 있습니다.

인용문

가난한 이를 위한 노동

"노동자들 대부분이 부당하게도 비참한 처지에서 살아가고 있으므로 그들을 도와주는 적절한 해결 방안이 시급히 강구되어야 한다는 것은 분명하며 또한 모든 사람이 이를 인정하고 있다. 지난 세기에 숙련공들의 오랜 협동 조합이 무너져 버린 채 그러한 역할을 맡을 다른 보호 조직이 나타나지 않고 있으며, 또 그와 동시에 제도와 법률들이 그리스도교 정신을 온전히 망각하기 시작하여 노동자들은 점차 고립 무원의 상태에 빠지게 되었으며, 인정머리 없는 고용주들의 무절제한 경쟁의 탐욕에 무참히 희생되어 왔다."

[레오 13세 교황, 〈새로운 사태〉, 1항]

"창조 때부터 우리는 노동하라는 부르심을 받았습니다. 노동은 반드시 필요합니다. 노동은 이 땅에서 살아가는 의미에 속하며, 성장과 인간 발전과 개인적 성취의 길입니다. 이러한 의미에서 가난한 사람에게 금전적 도움을 주는 것은 언제나 위급 상황에서 이루어지는 임시방편이 될 뿐입니다. 가난한 이들이 노동을 통하여 존엄한 삶을 누리게 하는 것이 언제나 커다란 목적이 되어야 합니다."

[프란치스코 교황, 〈찬미받으소서〉, 128항]

성인

노동하는 성인

목수였던 요셉 성인(마태 13,55)은 우리가 일을 통해서 어떻게 하느님께 더 가까이 다가갈 수 있는지 보여 줍니다. 일은 우리를 거룩하게 합니다. 비오 12세 교황님께서는 사회주의자와 공산주의자들이 제정한 '노동절'에 대항하기 위해서 '노동자 성 요셉' 기념일을 제정하셨습니다. 요한 바오로 2세 교황님께서는 이렇게 말씀하셨습니다. "요셉은 그 자신이 예수와 함께 노동하였던 작업대에서 인간의 노동을 속량의 신비에 더욱 근접시켰다."(〈구세주의 보호자〉 22항). 베네딕도 성인은 "기도하고 일하라Ora et Labora."라는 말을 남겼습니다. 이는 일상생활에서 여러분에게 아주 좋은 길잡이가 될 것입니다.

생각하기

- 당신은 열심히 일하는 사람hard worker입니까? 일 중독자workaholic가 되는 것은 잘못인가요? 그 이유는 무엇인가요?
- 그리스도인으로서 상사는 어떤 자질을 지녀야 합니까? 그리스도인으로서 고용인은 어떠해야 합니까?
- 당신의 직업을 좋아하는 것이 더 중요합니까? 아니면 정당한 급여를 받는 것이 더 중요합니까?
- 사람들은 일에 대해 불평을 많이 합니다. 어떻게 하면 일을 더 좋아하게 만들 수 있을까요?

실천하기

실천하기

왜 실업자들을 위해 내가 받은 급여를 사용해야 하나요?

- 잘못 없는 실직은 매우 슬픈 일입니다. 많은 사람은 일하기를 원하지만, 일자리가 모든 사람을 고용할 만큼 충분하지 않을 수 있습니다.
- 실업이라는 슬픈 현실은 새로운 현상이 아닙니다. 예수님 시대에도 하루를 살아가기 위한 일자리를 찾지 못하고 배회하는 사람들이 있었습니다(마태 20,1-16). 성경은 이러한 실직자들을 보살피는 일이 얼마나 중요한지 말합니다. 예를 들어, 어떤 땅 주인은 추수꾼들에게 밭에 곡식을 남겨 두도록 지시하여, 가난한 이들이 주워 갈 수 있도록 하였습니다(룻 2,15-16).
- 일하는 사람이 일이 없는 사람을 금전적으로 도와주는 일은 그리스도인의 의무입니다. 이것은 중요한 단기적인 해결책입니다. 하지만 일할 수 있는데도 일하지 않고 돈을 받는 것은 인간 존엄성에 어긋나기에(2테살 3,10), 일자리 창출은 매우 중요합니다. 어떻게 일자리를 창출할 수 있을까요?
- '실업자는 일하기를 거부하며 부당하게 이득만 취한다.'라는 주장을 들어봤을 것입니다. 물론 모든 형태의 사기는 근절되어야 하지만, 일자리 부족을 포함한 모든 형태의 불의 역시 근절되어야 합니다. 속을 수도 있는 위험을 감수할 만큼 연대라는 그리스도인의 의무가 그렇게 중요한가요?
- 악순환을 끊어야 합니다. 일이 없는 사람은 빈둥거리는 것에 지치게 되어 우울해지고 일자리를 찾을 기운조차 없어집니다. 실업자의 처지에서 세상을 바라보려고 노력한다면, 재정적 지원과 일자리 창출이라는 두 가지 형태의 연대가 얼마나 필요한지 더 잘 이해할 수 있습니다. 좋은 일자리가 해결책이 된다고 생각하십니까?

연대는 복잡한 문제를 직면했을 때 여러분에게 도움을 줄 그리스도교의 핵심 원리입니다.

요약

모든 사람은 일할 권리가 있습니다.
그리스도교적 관점에서 여러분의 일은 여러분의 소명의 일부이며, 여러분의 성화에 도움이 됩니다.
주일 휴식은 중요합니다. 하지만 특정 직업도 마찬가지로 중요합니다.

교회는 노동자를 지지하나요, 고용주를 지지하나요?

그리스도교는 사유 재산권을 인정하나요? 공장을 '임금이 낮은 국가'로 옮겨도 될까요?
교회는 여성을 차별할까요?

예수님께서는 "일꾼이 품삯을 받는 것은 당연하다."(루카 10,7)라고 말씀하셨습니다. 우리에게는 일할 권리뿐만 아니라, 일에 대한 정당한 급여를 받을 권리도 있습니다. 물론 돈은 일시적인 보상일 뿐이고 우리는 하느님 나라에서 더 큰 보상을 바랍니다. 하지만 하느님 나라에 가기 전까지 우리는 급여로 최소한의 생필품을 살 수 있어야 합니다. 어떤 사람들은 법정 최저 임금이 경쟁을 저해하고, 결국 실업률을 증가시킬 거라 말합니다. 하지만 다른 사람들은 최저 임금이 모두의 복지를 보장하는 데 도움이 된다고 주장합니다. 이런 주장은 노동자의 존엄성과 연대성의 원리에 부합합니다.

교회는 어느 편을 들어야 할까요?

그리스도교적 관점으로 본다면, 노동자와 고용주는 성화를 향해 나아가기 위해서 서로를 필요로 합니다. 노동자는 고용주의 목표를 위해 헌신적으로 일하고, 정당한 대우와 보상을 기대할 수 있습니다. 고용주는 기업을 잘 운영하고 자신을 위해 일하는 이들을 돌보면서 이에 응답해야 합니다. 이윤을 창출하는 행위는 잘못이 아닙니다. 이윤이 없다면 고용주는 일자리를 제공할 수 없습니다!

교회는 노동자와 고용주 모두를 소중하게 여기지만, 특히 소외된 이들을 특별히 지원하려고 합니다. 교회는 억압과 착취에서 노동자를 보호하지만, 또한 노동자의 불가능한 요구로부터 고용주를 보호합니다. 노동자들은 그들의 노동조합이 정확히 무엇을 얻어 냈는지 궁금할 수 있고, 고용주들은 그들을 귀찮은 존재로 볼 수 있지만, 노동조합의 주된 목적은 매우 그리스도교적인 정신과 일치합니다.

값싼 노동력?

이윤을 추구하는 일과 노동자의 권리를 보장하는 일이 부딪치는 것처럼 보일 때가 있습니다. 가격이 매우 낮은 해외 제품들이 시장에 쏟아지는데, 어떻게 경쟁할 수 있겠습니까? 국제 시장 가격에 견주어 임금 경쟁력이 더 높은 저소득 국가로 생산 시설을 이전하는 것이 더 합리적으로 보입니다. 그러나 이는 여러분 나라의 일자리를 빼앗는 결과를 초래합니다. 여러분 나라에도 일자리는 필요합니다. 그리고 생산 시설 이전은 제품 운송 비용을 발생시키는데, 제품의 장거리 운송은 환경에 피해를 줍니다.

더 알기

교회가 차별을 하나요?

하느님께서는 인류를 남자와 여자로 창조하셨습니다(창세 1,27). 남자와 여자는 완전히 동등한 가치를 지니며 똑같은 대우를 받아야 합니다(#TwGOD 2.16). 같은 일을 하는 여자에게 남자보다 낮은 봉급을 주는 것은 부당한 차별이며 매우 잘못된 일입니다. 그렇다면 남자만 사제가 될 수 있는 것은 차별일까요? 글쎄요. 그건 여러분의 관점에 따라 다르게 생각할 수 있습니다. 우선 사제직은 교회의 많은 소명 가운데 하나일 뿐입니다. 모든 소명은 정말 중요합니다. 사실 대부분의 교회 직분에는 여성이 남성보다 많습니다. 하지만 우리는 원하는 모든 것을 할 수 없습니다. 남자는 수녀가 될 수 없고, 본성상 아이를 뱃속에 품을 수도 없습니다. 남자와 여자는 잘할 수 있는 일이 다르지만, 완전히 동등한 가치를 지닙니다. 소명은 하느님께서 주셨으며, 자기 힘으로 성취하는 것이 아닙니다.

교황님들께서는 폭넓은 신학 연구를 통해 하느님께서는 남성을 사제로 부르신다는 결론을 내렸습니다(#TwGOD 3.41). 그러나 이 사실이 여성을 배제하지 않습니다. 이는 남성과 여성이 각각 고유한 기여를 제공하도록 부르심을 받았음을 인식한 결과입니다. 예수님께서는 많은 여성 제자를 두셨고, 부활하신 다음 한 여성에게 처음으로 자신을 드러내셨습니다. 하지만 오늘날 전혀 문제가 없다고 말할 수는 없습니다. 예를 들어 교회 행정에는 더 많은 여성이 참여해야 합니다. 다행스럽게도 이런 문제에 대한 관심이 높아지고 있지만, 아직도 해야 할 일이 많습니다(#OnlineSaints 1.47-48).

공동 책임

고려해야 할 요소들이 많지만, 결정적인 요소는 이윤이 아니라 사람이어야 합니다. 일, 기회, 자원은 가능한 한 공평하게 나누어져야 합니다. 우리는 우선 각자의 영향력 범위 내에서 이를 실행해야 합니다. 고용주가 가까운 사람과 먼 곳의 사람들 가운데 누구를 고용할지 선택해야 한다면, 자신이 이미 책임지는 사람들에게 우선권을 주는 것이 자연스러워 보입니다. 소비자들도 역할이 있습니다. 그렇게 낮은 가격을 가능하게 하는 열악한 노동 조건을 생각한다면, 방금 구매한 이 저렴한 물건이 정말로 좋아 보입니까?

더 읽어 보기

#TwGOD 2.45, 4.45, 2.16;
#OnlineSaints 1.4-5, 1.48-49.
노동권: CCC 2433-2436; CCCC 515, 517;
YOUCAT 445; DOCAT 142-150, 154-157.

기도하기

하느님, 당신은 우리를 일하도록 창조하셨습니다.
존엄한 근무 환경, 평등한 기회, 정당한 보수,
노동자와 고용주 사이의 협력을 이룰 수 있도록
저희를 도우소서.

사유 재산

급여를 받을 권리가 있다면, 그 재산을 소유하고 자기 생각대로 사용할 권리 또한 있어야 합니다. 그러한 권리가 일하는 동기가 됩니다. 초기 그리스도인들은 모든 소유물을 팔고, 모든 것을 공유했습니다(사도 2,44-45). 수도회는 이러한 삶을 모범으로 삼았습니다. 그러나 '세상 안'에 살아가는 우리는 사유 재산에 대한 권리가 있습니다. 우리는 자신과 가족을 부양해야 하며, 미래를 대비해야 하므로 현명하게 저축해야 합니다. 성경은 이러한 준비를 권장합니다(잠언 24,27; 루카 14,28). 바오로 사도는 세금을 내기 위해 정기적으로 저축하라고 말합니다. "매주 첫날에 저마다 형편이 닿는 대로 얼마씩을 자기 집에 따로 모아 두십시오."(1코린 16,2) 동시에 예수님께서는 이 세상에서 맹목적으로 부를 축적하는 모습을 경고하셨습니다. 우리는 그것을 하느님 나라에 가져갈 수 없습니다(루카 12,15-21)!

인용문

재산권과 일치

"그들[사회주의자]의 이론은 노동자 계급에 손해를 입히며, 정당한 소유주들에게 폭력을 가하고 국가의 임무를 변질시키며, 사회를 혼란에 빠지게 하기 때문에 부당하다. 사실 노동의 목적, 즉 노동자가 자각하고 있는 노동의 근본 동기는 사유 재산이며, 또한 그가 고용되어 다른 사람의 이익을 위하여 자기 업무를 충실히 수행하고 자기 능력을 최대한 발휘하는 동기가 자기 생활에 필요한 것을 획득하기 위한 것임을 누구나 쉽게 이해할 수 있다."

[레오 13세 교황, 〈새로운 사태〉, 2-3항]

"노동조합들의 역할은 매우 중요한 것이다. 그러나 그들의 실제 활동에는 그 나름대로의 어려움이 있다. 때에 따라서는 여기저기서 힘의 지배를 시도해 보려는 유혹을 받게 된다. 특히 파업과 같은 방법으로 지배욕을 드러낸다."

[바오로 6세 교황, 〈팔십주년〉, 14항]

성인

예수님 사랑의 증거자

마리아 막달레나는 예수님을 가장 가까이서 따랐던 사람 가운데 하나였습니다. 성경은 그녀가 부활하신 예수님을 처음 본 사람이라고 기록합니다. 남자 사도가 아닌 마리아 막달레나가 예수님께서 어떻게 죽음을 이기셨는지 선포하는 사명을 첫 번째로 받았습니다. 교회는 마리아를 신앙의 사도로 칭송합니다. 그녀의 증언 덕분에 부활절에 예수님의 빈 무덤에서 무슨 일이 일어났는지 알 수 있었기 때문입니다.

생각하기

- 저임금 직업과 고임금 직업은 무엇이 있나요? 이 차이는 공정한가요?
- 사무직이 노동직보다 더 많은 임금을 받아야 할까요? 그 이유는 무엇인가요?
- 모든 인간이 평등한 대우를 받는 세상을 위해 그리스도인들은 무엇을 할 수 있을까요?
- '높은 최저 임금은 투자자를 떠나게 한다.'는 말에 동의하시나요?

실천하기

최고 임금?

목수가 외과 의사보다 적게 버는 것은 불공평해 보입니다. 둘 다 최저 임금으로 살아갈 필요는 없지만, 둘 사이의 차이는 너무나 두드러집니다.

- 어떤 사람들은 더 오랜 학습과 더 많은 투자로 인한 차이라고 설명합니다. 임금이 평균을 넘지 않는다면, 사람들이 노력할까요? 우리는 외과 의사와 목수 모두 필요합니다. 하지만 두 사람이 비슷한 시간을 일한다면 비슷한 임금을 받아야 하지 않겠습니까?
- 모든 사람에게 최저 수입이 보장되고 연대성의 원리가 적용된다면(마태 20,1-16), 직업 사이의 임금 차이는 받아들일 수 있습니다. 자유 시장은 사회 전체에 유익한 경제 번영에 중요합니다. 하지만 임금이 과도하게 높아질 수 있을까요? 최고 임금과 같은 제도가 있어야 한다고 생각하십니까?
- 수요가 많은 일, 위험한 일, 더 오랜 교육 기간이 필요하거나 더 많은 책임이 주어진 일은 임금을 더 많이 받습니다. 하지만 '위험한' 또는 '더 많은 책임'은 어떻게 규정합니까? 또 지루하거나 더러운 일에 추가 수당이 있어야 할까요?

시장은 언제나 스스로 규제할 수 없으며, 정의와 모든 사람의 안녕을 보장하기 위해서는 정부의 개입이 필요할 수 있습니다.

요약

인간 존엄성은 노동자의 권리에 반영됩니다.
교회는 노동자와 고용주가 노동을 통해 성화를 추구하도록 도와줍니다.
교회는 불의한 차별에 맞서 싸웁니다.

18

그리스도교 사업 모델이 있을까요?

상사가 비윤리적인 업무를 지시한다면 어떻게 해야 할까요? 조립 라인assembly line을 진정한 노동으로 볼 수 있을까요? 기업의 사회적 책임은 좋은 것일까요?

어떤 이들은 그리스도인들이 이윤을 내는 것을 비윤리적으로 여긴다고 생각합니다. 그들은 사업이 이기적인 목적을 추구하기에 그리스도인은 적극적으로 사업 활동을 할 수 없다고 말합니다. 그러나 실제로는 정반대입니다. 이윤은 기업의 생존과 삶과 번영에 매우 중요하며, 이는 곧 사회의 번영과 연결됩니다. 예수님께서는 제자들에게 수고에 대한 정당한 보상을 받아들이라고 권고하셨습니다(루카 10,7). 하지만 이윤이 사업의 유일한 지침이 되어서는 안 됩니다. 사업의 성공을 평가하기 위해서는 사회에 얼마나 기여했는지, 그리고 관련된 사람을 얼마나 배려했는지 고려해야 합니다.

다시 말해, 기업은 단순히 이윤만 추구하는 것이 아니라 공동선에 봉사해야 합니다. 그리스도교 기업가들은 하느님께서 주신 재능을 활용하여 최선을 다해 사업을 운영해야 합니다(마태 25,14-30). 이는 다양한 사업 모델을 통해 이루어질 수 있으며, 인간 존엄성, 보조성, 연대성, 공동선이라는 사회교리의 기본 원리가 적용되어야 합니다. 따라서 사업 활동은 여기에서 시작하는 하느님 나라를 실현하는 데 기여할 수 있습니다(루카 17,21).

만족

기업이 경쟁에서 성공하기 위해서는 고객, 공급업체, 하청 업체, 전문가 그리고 특히 직원과 좋은 관계를 맺는 것이 가장 중요합니다. 올바른 관계는 다른 사람의 인간 존엄성을 존중하고, 사람들이 번영하도록 돕습니다. 비용 절감과 효율성 개선은 수익을 증대하는 중요한 방법입니다. 그러나 종종 이러한 조치가 일의 즐거움이나 존엄성과 상충합니다. 예를 들어 조립 라인은 짧은 시간에 많은 것을 생산하기 위해서 만들어졌습니다. 그 결과 노동자들은 자부심을 가질 수 있는 제품 생산에 속해 있다는 느낌을 더 이상 갖지 못합니다. 그들은 다소 지루한 동작과 움직임을 반복할 뿐입니다. 이와 같은 일이 과연 인간 존엄성에 부합할까요? 또 고귀한 일을 하면서 얻는 만족감을 줄 수 있을까요?

간섭하지 말고 각자 알아서 살자?

보조성은 사람들이 상호 작용하는 모든 곳에서 적용되는 기본 원리입니다. 회사에서 보조성은 현장 직원들이 결정하고 수행할 수 있는 일을 상위 경영진이 해서는 안 된다는 뜻입니다. 보조성은 모든 사람이 개인적으로 책임을 질 수 있고, 또 책임을 져야 한다는 의미입니다. 이 원리는 무관심을 내포하는 영어 속담 '간섭하지 말고 각자 알아서 살자Live and let live'보다 더 심오한 의미를 갖습니다. 보조성의 원리는 조직에서 모든 수준의 사람들이 실질적이고 의미 있는 일을 할 수 있고, 그들이 가장 잘 아는 방식으로 업무를 수행할 수 있도록 상위 수준에서 도와주어야 함을 뜻합니다.

여기에 봉사라는 요소가 있습니다. 예수님께서 제자들의 발을 씻기시려고 무릎을 꿇으셨던 것처럼(요한 13,2-15), 경영진은 하위 수준의 사람들에게 봉사합니다. 모두가 각자의 수준에서 함께 협력하여 좋은 제품이나 서비스를 제공합니다. 예를 들어 환경 보호가 효과적으로 이루어지기 위해서는 이를 정부에게만 맡겨서는 안 되며, 조직의 모든 수준에서 환경 보호를 중요한 사안으로 인식해야 합니다. 강제 노동(아동 노동 포함), 착취, 동물 학대 등과 맞서 싸우는 데에도 보조성의 원리가 적용됩니다.

기업의 사회적 책임Corporate Social Responsibility

기업의 사회적 책임CSR은 기업이 경제적, 사회적, 환경적 측면 등 사회 전반에 미치는 영향을 검토하고 책임지는 경영 방식입니다. 성경은 일할 때 정직한 태도를 가지라고 가르칩니다(루카 3,10-14). 기업의 사회적 책임은 지역사회와 기업에 봉사하고, 직원과 고용주 간의 관계를 개선하며, 노동을 사회와 연결된 관점에서 바라보게 합니다. 기업의 사회적 책임의 효과는 기업의 진정한 동기에 따라 크게 달라집니다. 비평가들은 기업의 사회적 책임을 불필요한 겉치레라고 말합니다. 경제적 목적은 기업의 사회적 책임 없이도 윤리적이고 사회적으로 효과적이어야 하기 때문입니다. 그러나 이러한 책임감으로 기업이 그리스도교적 이상에 따라 더욱 윤리적이고 도덕적인 사업 전략을 추구하게 된다면 좋을 것입니다.

더 알기

소외 계층을 위한 선택

기업이 번창할 때 가장 먼저 혜택을 받는 이들은 가난한 이들이어야 합니다. 사실 지난 세기에 많은 사람의 경제적 상황에 급격한 진전이 있었습니다. 부유층과 빈곤층 사이에는 상당수의 중산층이 존재합니다. 이들은 사회 경제가 발전하는 데 기여하여 비교적 안락한 삶을 누릴 수 있는 여유가 있습니다.

그러나 아직도 소외된 사람들이 많기에, 발전은 지속되어야 합니다. 소외된 사람들에게도 세계 경제 발전의 혜택을 나눌 수 있는 새로운 기회를 창출해야 합니다. 빈곤층을 위한 선택은 사회사업에 사용할 세금을 납부하거나 자선 단체에 기부하는 것을 넘어섭니다. 모든 경제 활동과 기업 활동에 반영되어야 하는 책임입니다.

더 읽어 보기

#TwGOD 4.48; #OnlineSaints 1.13.
사업: CCC 2432; CCCC 516;
YOUCAT 428, 443; DOCAT 163, 184-190.

기도하기

하느님 아버지,
제 소명과 일치하는 저의 일을 통해
공동선에 기여하도록 이끌어 주시고,
언제나 가장 높은 도덕 원리를 따르게 하소서.

단순한 성장 그 이상

기업은 하느님의 창조물를 돌보고(창세 2,15) 도움이 필요한 이들과 연대하면서(루카 14,13) 공동선에 봉사해야 합니다. 물론 기업을 지속해서 운영해야 하기에, 그들에게 가진 것 전부를 나눠 줄 수 없습니다. 그러나 경제 성장이 기업의 유일한 동기가 되어서는 안 됩니다. 고령 실업자, 장애인, 사회에 복귀한 전과자 등 고용 시장에서 소외된 이들을 채용한다면 연대의 좋은 예가 될 수 있습니다. 모든 사업 활동은 모두를 위한 공동선과 결부되며, 단순한 이윤 추구 이상의 가치를 지닙니다.

인용문

공동선에 봉사하는 기업

보조성의 원리: "개인이 자신의 주도성과 근면으로 성취할 수 있는 일을 빼앗아 공동체에 주는 것이 중대한 잘못이듯, 하위 조직이 수행할 수 있는 일을 더 크고 높은 단체에 맡기는 것도 불의이고, 중대한 악이며 올바른 질서를 교란하는 것입니다. 모든 사회 활동은 본질적으로 사회 구성원들에게 도움을 주어야 하며, 절대로 그들을 파괴하거나 흡수해서는 안 됩니다."

[비오 11세 교황, 〈40주년〉, 79항]

"사실 기업의 목적은 이윤을 남기는 것만이 아니라, 기업체 자체가 다양한 방법으로 사람들의 기본 욕구를 충족시키려고 노력하며, 전체 사회에 봉사할 특별한 집단을 형성하는 인간들의 공동체로서 존재하는 것이다. 이윤이 기업 생활의 한 가지 조절의 역할을 하지만 유일한 것은 아니며, 그 외에도 장기적으로는 기업 생활을 위하여 적어도 같은 정도로 중요한, 다른 인간적이고 윤리적인 요소들을 고려해야 한다."

[요한 바오로 2세 교황, 〈100주년〉, 35항]

"모든 인간의 존엄성과 공동선은 모든 경제 정책에 반영되어야 하는 관심사들입니다. 기업가들이 더 폭넓은 삶의 의미가 제기하는 도전을 외면하지 않는다면, 기업가의 소명은 고결합니다. 그들은 이 세상의 재화를 증대시키고 모든 이가 이를 더 잘 이용할 수 있게 노력함으로써 참으로 공동선에 이바지할 수 있기 때문입니다."

[프란치스코 교황, 〈복음의 기쁨〉, 203항]

성인

그리스도교 사업가

중세 시대 사업가였던 호모보누스Homobonus의 사업 방식은 오늘날 기준에 놀라울 정도로 부합합니다. 사람들에 대한 배려, 삶의 진실성, 그리고 우수해지기 위한 노력을 그의 사업 방식 안에서 찾을 수 있습니다. 이 성공한 사업가는 자신의 신앙과 일을 완전히 통합했고, 새로운 도덕적 문제를 모두 주님과 함께 풀었습니다.

생각하기

- 야망은 잘못된 것일까요? 그 이유는 무엇인가요?
- 교회가 경제 및 사업 문제에 관심을 기울여야 할까요? 그 이유는 무엇인가요?
- 도덕적 딜레마를 해결하기 위한 가장 좋은 원리는 무엇일까요?
- 이상적인 그리스도교 사업은 어떤 모습일까요?

실천하기

직장에서 윤리적으로 행동하는 법

도덕적 딜레마를 경험할 때, 신앙과 사회교리가 제시하는 원리들은 여러분이 좋은 결정을 내리도록 도와줄 것입니다.

- 사람과 환경에 해를 끼치는 일을 해야 하거나, 그 일을 거부하면 직장을 잃을 수 있는 상황에서 무엇을 선택해야 할까요? 그리스도께서는 여러분의 이웃인 온 인류를 사랑하라고 가르치셨습니다. 다른 한편으로 여러분 주위에는 가족과 같이 사랑하는 사람이 있고, 그 직업으로 돈을 벌어 그들을 부양해야 할지도 모릅니다. 그러나 성경은 때때로 더 큰 선을 위해서 고통을 감수해야 한다고 말합니다(1베드 4,12-13). 밤에 죄책감 없이 편히 잠들려면 어떤 결정을 내려야 할까요?
- 그리스도인이 이민자들을 본국으로 송환하는 정부 기관에서 일할 수 있을까요? 담배 회사, 정보 기관, 무기 제조업체, 살인범을 변호하는 변호사와 같은 직업은 어떻습니까?
- 노동자의 노동력을 착취하면서 건설한 경기장이 있다면, 운동선수들은 그곳에서 경기하기를 거부해야 할까요? 사람을 혹사하는 행위는 잘못입니다. 그러나 경기장은 이미 완성되었으니, 그들이 지은 경기장을 활용하는 행위로 그들의 노고를 기려야 하지 않겠습니까? 아니면 운동선수가 그 경기장에서 뛰는 행위 자체가 노동자들에 대한 착취와 억압을 용인하는 모습으로 비칠까요?
- 여러분의 상사가 부정 행위를 저지르고 있다면 어떻게 해야 할까요? 여러분이 하신 일까지도 부정 행위에 이용한다면 어떨까요? 그러면 여러분도 이 일에 연루된 것입니까? 그 상사를 신고해야 할까요? 아니면 먼저 그와 이야기를 나눠야 할까요?

일률적으로 답을 드릴 수 없습니다. 구체적인 상황에서 여러분은 여러 주장을 신중하게 검토하고, 믿을 수 있는 사람에게 조언을 구하며, 신앙을 바탕으로 여러분의 결정을 내려야 합니다.

요약

그리스도교 사업은 사랑, 노동의 존엄성, 사회적 책임이라는 원리에 따라 운영됩니다.
양심은 옳고 그름을 분별하는 데 도움이 될 것입니다.

19

지속 가능한 경제가 실현될 수 있을까요?

국가 개입을 제한할 수 있을까요? 자본주의나,
소비주의 그리고 기술 발전은 나쁜 것인가요? 왜 세금을 내야 할까요?

우리가 경제를 위해서 사는 것이 아니라, 경제가 우리를 위해서 있는 것입니다. 예수님께서는 하느님과 재물을 동시에 섬길 수 없다고 말씀하십니다(마태 6,24). 경제생활은 약하고 작고 가난한 이들을 희생시키는 '적자생존'이 되어서는 안 됩니다. 사회에서 가장 작은 사람들의 생활 여건은 경제 성공을 나타내는 중요한 지표입니다! 특별히 긴급 지원과, 일할 수 있는 사람들이 일자리를 갖도록 하는 조치가 병행될 때 더욱 그렇습니다. 기업들이 새로운 사업을 개발하고, 새로운 이윤 창출 방법을 모색하기 위해서는 자유 시장이 필요합니다. 동시에 모든 사람, 특히 소외된 사람들의 권리와 복지를 보장하기 위해서 정부의 규제도 필요합니다. 시장의 자기 규제만으로는 이루어질 수 없습니다. 모두를 위한 하느님 나라를 이 땅에 실현하기 위해 모든 사람이 힘써야 합니다.

경제 활동 원리

그리스도인들에게 완벽한 경제 모델은 없습니다. 하지만 언제나 준수해야 하는 몇 가지 기본 원리가 있습니다. '인간 존엄성'은 모든 경제의 토대입니다. '보조성'을 시장 경제에 적용한다면, 이 원리는 기업이 경제 활동을 발전시키고, 정당한 이윤을 추구할 수 있게 합니다. 그러나 정부는 모든 사람의 사회 · 도덕적 권리를 보장하기 위해서 개입해야 합니다. 모든 인간은 '연대성'으로 표현되는 사회적 차원을 지닙니다. 개인적이고 공동체적인 결정은 '공동선'을 고려해야 합니다. 가난한 사람을 위해서 일부러 밭에 곡식을 남겨 두었던 성경 속 땅 주인을 기억합시다(룻 2,15-16). 경제라는 배에서 떨어진 이들을 구하기 위해서 사회 안전망이라는 그물이 필요합니다. 이를 위해서 정부의 개입이 필요합니다.

자유와 규제

모든 인간의 존엄성을 존중하는 경제를 성공적으로 이루기 위해서는 자유와 규제, 두 가지 모두 필요합니다. 아마도 두 개의 상반되는 체제를 살펴보는 것이 이해에 도움이 될 것입니다. 완전히 규제된 사회주의 체제는 개인의 주도권과 사유 재산을 허용하지 않고 국가가 완전히 통제하며, 경제의 기본 원리들을 존중하지 않습니다. 마찬가지로, 이윤 극대화에만 집중하는 완전히 자유로운 자본주의 시장도 이러한 원리를 준수할 수 없습니다. 하지만 자본주의 체제에 일정한 정부의 조정과 개입이 있다면, 합리적으로 작동할 수 있습니다.

지속 가능한 경제

그리스도교적 관점에서 지속 가능한 경제는 자원 사용과 환경 피해를 최소화하여 사회 구성원 모두의 전반적인 복지가 극대화되도록 노력합니다. 경제를 지역 차원에서만 볼 수 없습니다. 어떤 사업이나 계획도 완전히 혼자서 할 수 없습니다. 그 지역에 그리고 더 멀리까지 영향을 주고받기 때문에, 지속 가능한 경제는 세계적인 관점을 갖게 되고, 효율성과 이윤을 넘어서는 질문을 던지게 됩니다. 예를 들면 다음과 같은 질문입니다. 지구 반대편에 있는 원산지 근처에서 원자재를 정제하는 편이 좋을까, 아니면 자국민들의 고용을 보장하기 위해서 이 대량의 원자재를 본국으로 운반해야 할까? 효율성, 사랑, 경제, 생태의 차원에서 제기되는 논거들이 모두 우리의 결정 과정에 반영되어야 합니다.

더 알기

세금을 내야 하나요?

법은 세금의 의무를 명시하지만, 여러분이 낸 세금이 잘 쓰이는지 의문이 드는 것은 당연합니다. 예수님께서 이 질문을 받으셨을 때, 동전에 그려진 나라의 황제를 보면서 다음과 같이 말씀하셨습니다. "황제의 것은 황제에게 돌려주거라."(마르 12,17) 당시의 상황은 지금보다 좋지 않았습니다. 지배자들은 고귀한 목적뿐만 아니라 올바르지 못한 목적에 세금을 사용했습니다. 그럼에도 예수님께서는 세금을 내는 것을 문제 삼지 않으셨습니다. 만약 문제 삼으셨다면, 아마도 시민 사회는 종말을 맞이했을 것입니다!

여러분은 시민으로서 납세의 의무를 피할 수 없으며, 성실하게 이행해야 합니다. 세금의 사용처는 여러분 통제 밖에 있습니다. 하지만 예수님께서는 여러분이 "하느님의 것은 하느님께"(마르 12,17) 바치라고 말씀하셨습니다. 하느님과 이웃을 섬기는 데 헌신한다면, 그리스도교적 의미에서 사회에 합당한 공헌을 하는 것입니다. 물론 여러분은 정부를 설득하여 불공정한 법을 바꾸고, 지역 자금을 비윤리적으로 사용하지 못하도록 해야 합니다.

더 읽어 보기

#TwGOD 4.48; #OnlineSaints 1.45.
세금 & 경제: CCC 2240, 2409 & 2425–2426; CCCC 464, 508 & 512; YOUCAT 431 & 442; DOCAT 182–183 & 158–162, 171–181.

기도하기

사랑하는 하느님,
당신께서는 저를 사회 구성원이 되게 하셨습니다.
제가 소외된 사람들과 당신의 창조물에
깊은 관심을 두고,
우리 경제에 적극적으로 참여할 수 있게 하소서.

소비주의

성장만 추구하는 경제 체제는 재화와 서비스를 더 많이 구매하도록 끊임없이 자극할 것입니다. 이러한 소비주의는 우리가 그리스도인으로서 추구하고자 하는 지속 가능한 경제와 모순됩니다. 소수의 국가가 세계의 자원과 생산물의 대부분을 소비한다면, 다른 국가에게 돌아가는 것은 거의 없습니다. 끊임없이 증가하는 자원의 수요와 가공 과정은 환경에 피해를 입힙니다. 소비주의에 수반되는 '쓰고 버리는 문화'도 마찬가지입니다. 게다가 소비주의는 비만과 심부전과 같은 건강 문제도 일으킵니다. 절약하기, 고쳐 쓰기, 재활용하기 등은 이러한 흐름에 맞서는 좋은 방법입니다. 이러한 관점으로 여러분이 변화한다면, 소비주의와의 전쟁 양상이 바뀔 것입니다!

인용문

정의로운 경제

"이러한 체제를 반대하는 투쟁에는 사실상 국가 자본주의로 보이는 사회주의 체제가 아니라, 오히려 자유로운 노동, 기업 그리고 참여의 사회가 제안되어 있다. 이러한 사회는 시장에 대립되는 것이 아니며, 오히려 사회 전체의 욕구를 충족시키기 위하여 국가 권위에 의해 적당하게 조절되어야 한다."

[요한 바오로 2세 교황, 〈백주년〉, 35항]

"세계화된 시장은 무엇보다도 잘사는 나라들이 상품의 가격을 낮추고 구매력을 증대시켜 내수 시장의 소비 증가를 통하여 성장률을 제고하려는 목적에서 저비용으로 생산 하청을 줄 수 있는 지역을 찾도록 조장하였습니다. 이러한 과정은 세계 시장에서 경쟁력 강화를 추구하는 대가로 사회 보장 제도의 축소를 야기하여 노동자의 권리, 기본적인 인권, 전통적인 사회 국가와 관련된 연대성을 심각하게 위협하는 결과를 초래했습니다. 보호하고 소중히 여겨야 할 으뜸 자본은 사람, 곧 본연의 인간임을 상기시켜 드리고자 합니다. '인간이 모든 경제 사회 생활의 주체이며 중심이고 목적이기 때문입니다.'"

[베네딕토 16세 교황, 〈진리 안의 사랑〉, 25항]

성인

하느님과 함께하는 사업

남편이 사업에 실패하고 세상을 떠났을 때, 엘리자베스 시튼Elizabeth Seton은 깊은 우울감에 빠졌습니다. 하지만 그녀는 아이들을 위해서 하느님에 대한 신앙으로 단단히 마음 먹었습니다. 뉴욕에서 젊은 여성들을 교육하는 그녀의 새로운 사업은 그녀가 가톨릭 신자가 되고, 가톨릭 정신으로 사업을 운영하게 되면서 많은 고객과 친구들을 잃었습니다. 그러나 이 진취적인 여성은 멈추지 않고, 가톨릭 학교를 설립하고, 그 학교를 운영할 수녀회를 세웠습니다.

생각하기

- 그리스도인들은 경제 성장을 나쁘게 보고 이를 거부해야 할까요? 경제 성장은 무한히 지속될 수 있을까요? 그 이유는 무엇인가요?
- 여러분의 나라에서 어떤 사업들이 성공하고 있나요? 왜 그럴까요? 그 사업은 도덕적으로 운영되나요?
- 여러분은 돈을 좋아하시나요? 돈을 더 많이 가지고 싶은가요? 윤리적으로 그렇게 할 수 있나요?
- 세금을 내지 않는 것은 죄일까요? 그 이유는 무엇인가요?

실천하기

기술 발전이 잘못된 것일까요?

업무를 위해서 기술 장비를 활용하는 것은 좋은 일입니다. 우리가 석기 시대에 살고 있는 것도 아니고, 인류는 세상을 진보시키는 훌륭한 방법을 개발해 왔습니다. 그러나 고려해야 할 다른 문제들도 있습니다.

- 19세기 이후 대규모로 기술을 활용하면서 새로운 일자리가 많이 생겨났습니다. 오늘날에도 마찬가지입니다. 하지만 일자리가 많이 생겼다고 저절로 노동이 존중되는 것은 아닙니다.
- 기술 발전으로 더 많은 생명을 구할 수 있고, 반복되거나 위험한 작업을 문제 없이 대체할 수 있습니다. 특히 더 적은 인력으로 많은 제품을 생산할 수 있기 때문에, 생산 비용을 크게 절감할 수 있습니다. 반면, 기술은 주로 비숙련 노동자를 대체합니다. 일을 잃은 비숙련 노동자들은 무엇을 해야 하나요?
- 기술 발전이 인간에게 봉사해야 하지만, 반대로 점점 더 많은 사람이 기술에 봉사하는 것처럼 보입니다. 예를 들어 하루 종일 휴대폰을 확인하는 '디지털 중독자'들을 떠올려 보십시오. 이것은 긍정적인 발전이라고 할 수 있습니까?

기술 발전은 인류에 거대한 영향을 미칩니다. 예를 들어 사회의 디지털화는 인간관계에 어떤 영향을 줄까요? 기술이 발전함에 따라, 새로운 가능성이 많아지지만, 또한 새로운 문제들도 생겨납니다. 우리는 그리스도교 원리에 근거하여 이러한 문제들을 풀어 가야 합니다.

요약

지속 가능성을 위해서 자유와 규제가 모두 필요합니다.
규제된 자본주의와 기술 발전은 더 좋은 사회를 만들 수 있지만, 소비주의는 그럴 수 없습니다.
세금 납부는 그리스도인의 의무입니다.

청년이 알아야 할

사회교리 Q&A

여러분의 이웃은 하느님이십니다

하느님 나라와 인간의 나라 : 정치와 국가

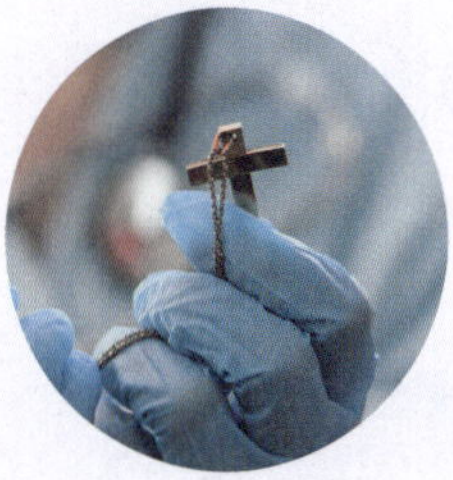

가정과 사회와 국가는 어떻게 연결되어 있을까요?

소셜 미디어가 가정을 무너뜨릴까요? 이미 가까운 이웃에게 관심을 갖고 있는데, 왜 세계 뉴스에 관심을 가져야 할까요?

하느님께서는 사람이 홀로 살도록 창조하지 않으셨습니다. 하느님께서는 사람들을 동반자로 삼으셨습니다(창세 2,18). 그분은 첫 부부인 아담과 하와에게 자식을 낳아 번성하라고 말씀하셨습니다(창세 1,28; #TwGOD 4.20). 하느님께서는 우리를 사랑으로 창조하셨고, 사랑을 위해서 창조하셨습니다. 그래서 우리는 사랑을 나누어야 합니다. 우리는 사회적 존재이며, 오직 다른 사람과의 관계를 통해서만 우리의 잠재력을 온전히 발전시킬 수 있습니다. 가정은 우리가 경험하는 첫 번째 공동체입니다. 우리는 가정에서 자라고 교육을 받습니다. 따라서 사랑하는 부모님과 함께 안정된 가정을 이루는 노력은 중요합니다(#TwGOD 4.19).

바오로 사도는 우리 모두가 한 몸에 일치해 있는 각기 다른 지체라고 말했습니다(1코린 12,12-31). 모든 사람은 다르고 각자의 과업이 있지만, 같은 몸, 곧 그리스도의 몸에 함께 속해 있습니다. 이것은 공동체나 사회뿐만 아니라 가정에서도 그러합니다(#TwGOD 2.1). 모든 구성원은 자기 능력에 따라 가정생활에 참여할 의무가 있습니다. 이러한 경험은 훗날 사회생활에 참여하는 토대가 됩니다. 때가 되면 우리는 가정을 떠나 자신의 가정을 꾸립니다. 가족에 대한 경험은 우리 정체성과 행동 방식에 지대한 영향을 미칩니다.

사회: 공동체

모든 가정은 그 자체로 작은 사회입니다. 가정은 사회의 세포이며, 이 세포가 축적되어 사회를 이룹니다. 곧 사회는 작은 공동체들로 이루어진 하나의 공동체입니다. 예수님께서는 사랑이 넘치는 가정에서 자라시고, 성장하는 그리스도인 공동체를 세우셨습니다. 사회 속에서 살아가는 모든 사람은 가정에서 왔으며, 그들은 가족과 일정한 유대감을 유지하길 원합니다. 따라서 가정은 사회를 세우는 초석입니다. 교회는 이렇게 말합니다. "가정은 사람들이 어릴 적부터 도덕적 가치를 깨닫고, 하느님을 공경하기 시작하며, 자유의 선용을 배울 수 있는 공동체이다. 가정생활은 사회생활의 입문이다."(CCC 2207항)

국가: 평화와 정의

사회는 개인들이 끊임없이 사회적으로 상호 작용을 하는 공동체입니다. 이 개념은 특정 영토 안에서 정치적으로

더 알기

소셜 미디어는 우리에게 해로운가, 유용한가?

소셜 네트워크는 사람들이 서로 연결되도록 돕습니다. 온라인 커뮤니케이션 미디어는 우리에게 놀라운 기회를 제공합니다. 서로 기쁨과 슬픔을 나누면서 기도하고 조언을 건네는 데 물리적 거리는 문제가 되지 않습니다. 손가락 터치 몇 번만으로도 풍부한 정보를 쉽게 얻을 수 있습니다. 예수님께서 이러한 도구를 가지고 당신 사명을 수행했다면 어땠을지 상상해 봅시다.

하지만 소셜 미디어 때문에 나타나는 안타까운 모습도 있습니다. 한 가족의 저녁 식사에서 부모와 아이들이 아무 말 없이 각자 자신의 스마트폰만 보면서 무심하게 음식을 먹습니다. 프란치스코 교황님께서는 테드TED 강연에서 우리 가운데 어느 누구도 섬이 아니며, 함께 살아가야 한다고 말씀하셨습니다. 가족과 함께하는 이 소중한 시간에 우리는 진정한 인간적 만남과 대화를 나눌 수 있습니다. 스마트폰을 내려놓아야 할 때를 배워야 합니다. 아이들이 가정에서 안전하게 길을 건너는 법과 낯선 사람에게 사탕을 받지 않는 법을 배우듯이, 온라인 미디어의 함정과 위험을 피하는 법도 배워야 합니다.

도구 자체는 선하지도 악하지도 않습니다. 그것이 해로운지 유용한지는 우리가 그것들을 어떻게 활용하느냐에 달려 있습니다. 우리는 이러한 미디어를 이용하여 세상에 엄청난 유익을 줄 수 있고, 예수님의 복음을 지구상의 모든 사람에게 전할 수 있습니다. 그분께서는 우리가 어디에 있든지 그렇게 하라고 부르십니다! 온라인 선교사로서 말입니다.

조직된 공동체인 국가의 개념과 다릅니다. 사회 구성원들은 국가 내 사회생활을 조직하는 데 지원해 주는 정부를 선택합니다. 정부는 외적으로 다른 국가와 관계를 맺습니다. 평화와 자유와 정의를 보장하는 임무가 국가의 첫 번째 과제입니다. 사회 내 평화로운 공존은 사회 정의와 밀접한 관계가 있습니다.

각자 맡은 역할

국가와 가족은 각자의 책임과 의무가 있습니다. 국가는 가족이 관련된 사회생활 영역에 개입해서는 안되며, 개별 가족은 국가의 정당한 법을 따라야 합니다. 국가와 가정 사이의 관계는 보조성의 원리를 따릅니다. 보조성의 원리는 상위 기관이 하위 기관에서 할 수 있는 것을 하거나 결정해서는 안 된다는 원리입니다. 예를 들어 국가는 아이가 어떤 종교를 가져야 하는지, 가족이 몇 명의 자녀를 가질 수 있는지 결정할 수 없습니다. 그러나 국가는 모든 아이에게 교육 기회를 보장하고, 종교의 자유를 보장해야 합니다.

더 읽어 보기

#TwGOD 4.19, 4.47; #OnlineSaints 1.21-22.
가정 & 국가: CCC 2196-2233 & 2234-2243;
CCCC 455-462 & 463-465;
YOUCAT 367-374 & 375-377;
DOCAT 112-128 & 131-133, 198-200.

기도하기

모든 이의 아버지, 제가 살고 있는 이 사회에
이바지할 수 있도록 저를 도우소서.
무엇보다 신앙적인 삶으로
가족과 이웃에게 이바지하겠나이다.

세금을 통한 연대

“부유한 자녀는 내지 않는 그들 부모님의 요양 비용을, 왜 나의 세금으로 충당해야 합니까?” 다양한 형태로 나타나는 이러한 질문은 개인이나 가족이 낼 수 있고, 또 내야 하는 비용을 사회가 부담해야 할 때 느끼는 부당함을 표현하는 질문입니다. 이에 답하기 위해서는 이 질문을 뒤집어야 합니다. 스스로 포기한 사람을 사회도 포기해야 합니까? 정의는 그들의 의무(혹은 가족의 의무)를 피하는 사람을 질책하고 처벌하지만, 자비와 연대는 소외되고 도움이 필요한 이들을 돕습니다.

인용문

가족

“인간 생태계를 위한 제일의 기본 구조는 가정인데, 이 안에서 인간은 진리와 선에 대한 첫 번째 결정적 개념을 얻으며, 사랑을 주고받는 것이 무엇인지를, 그리고 이렇게 인간이라는 것이 무엇인지를 배운다. 여기에서는 혼인에 기초한 가정을 이해해야 하는데, 이 안에서 남편과 아내의 상호 선물은 생명의 조건을 만들어 내며, 어린이가 태어날 수 있고, 자신의 능력을 기를 수 있고, 자신의 존엄성을 의식할 수 있고, 반복될 수 없는 자신의 유일한 운명에 대비할 수 있다.”

[요한 바오로 2세 교황, 〈백주년〉, 39항]

“한 가족이 통신망을 활용하여 더욱 친밀해지고 식탁에 마주 앉아 서로의 눈을 바라볼 때, 통신망은 친교의 자원이 됩니다. 교회 공동체가 네트워크를 통해 활동을 계획하고 성찬례를 함께 거행할 때, 네트워크는 친교의 자원이 됩니다. 이것이 바로 우리가 원하는 네트워크입니다. 네트워크는 해방시키고, 자유로운 사람들의 친교를 보호하고자 만들어진 것입니다. 성찬의 친교에서는 ‘좋아요.’가 아니라 진리, ‘아멘.’을 바탕으로 일치가 이루어집니다. ‘아멘.’으로, 누구든지 그리스도의 몸에 일치하고 다른 이를 받아들이는 것입니다.”

[프란치스코 교황, 제53차 홍보 주일 담화]

성인

사회의 기둥

루이지Luigi와 마리아 콰트로키Maria Quattrocchi 부부는 여느 부부와 같이 가정을 이루었습니다. 그들은 사회 공동체에서 자기 역할을 진지하게 받아들였습니다. 사회의 특정 집단의 상황을 개선하기 위해 의식적으로 노력했으며, 이탈리아 가톨릭 스카우트와 가톨릭 액션과 같은 단체에서 중요한 역할을 맡았습니다. 그들은 모든 것을 할 수 없다는 것을 알았지만, 또한 하느님께서 그들이 사회에 이바지하기를 바라신다는 사실도 잘 알았습니다.

생각하기

- 여러분은 지금 속한 사회가 자랑스럽습니까? 그 이유는 무엇인가요?
- 국가가 더 많은 권력을 가져야 할까요? 아니면 덜 가져야 할까요? 왜 그럴까요?
- 멀리 떨어진 어딘가에 온전한 그리스도교 국가를 세우는 것은 좋은 생각일까요?
- 국가는 자녀를 둔 가정을 특별히 지원해야 할까요? 어떻게 할 수 있을까요?

실천하기

세계 뉴스에 관심을 가져야 할까요?

국제 뉴스를 보면 폭력과 전쟁, 고통과 재난이 끊임없이 일어납니다.

- 역사는 반복되는 것 같습니다. 사람과 장소만 다를 뿐입니다. 하지만 바로 이 사람과 장소가 오늘의 뉴스를 특별하게 만듭니다. 바로 이 순간, 고통을 받는 여러분의 형제자매에 관한 소식입니다. 여러분의 형제자매에게 무슨 일이 일어났는지 궁금하지 않나요? 그것이 나쁜 뉴스라도 말입니다.
- "지역 뉴스만 봐도 충분해."라는 말을 듣기도 합니다. 하지만, 예수님께서 가르치신 이웃 사랑이 단지 당신과 가까이 사는 사람들에 대한 사랑만 의미합니까? 아니면 더 큰 형제자매 공동체를 의미합니까? 그들 모두는 우리 세계 사회의 일부입니다.
- "뉴스를 보면 슬퍼져요." 그렇습니다. 세계는 아직 완전하지 않습니다. 하느님께서 원하시는 그런 곳이 아닙니다. 하지만 고통에서 고개를 돌린다고 그 고통이 사라집니까? 여러분은 언제 어디서나 할 수 있는 일이 있습니다. 어느 경우에서도 고통받는 이들을 위해 기도할 수 있습니다! 그것만으로도 뉴스를 보아야 할 아주 좋은 이유가 됩니다.
- 뉴스를 꾸준히 보다 보면, 세상을 더 잘 이해하게 될 것입니다. 세계의 정치 · 경제적 상황이 사람들의 안녕에 어떤 영향을 미치는지, 또한 인간관계가 우리 사회를 어떻게 형성하는지 알게 될 것입니다. 이것이 여러분을 사람들과, 더 나아가 하느님과 가까워지도록 하는 데 도움을 줍니다.

그리스도인이 다양한 뉴스를 접해야 할 많은 이유가 있습니다. 특히 그 소식을 하느님과의 관계 안에 받아들일 때 그러합니다. 물론 뉴스를 볼 때, 기자의 의견과 사실을 구분하는 것은 중요합니다. 뉴스에 비판적으로 접근하면, 가짜 뉴스를 빠르게 식별하고 자신의 개인적 견해를 형성하는 데 도움이 됩니다.

요약

사회는 가족 세포를 기반으로 국가 안에서 정치적이고 경제적으로 조직되어 있습니다.
잘 활용한다면 소셜 미디어는 훌륭한 선물이 됩니다.
다른 사람의 일을 전하는 뉴스를 보는 것도 사랑에 포함됩니다.

21

정치 활동에 참여해도 되나요?

투표를 해야 하나요? 누구를 뽑을지 어떻게 결정할 수 있을까요?
그리스도교 신자인 정치인이 더 좋은 정치인일까요?

정치판을 지배하는 듯한 더러운 술수와 거짓은 그리스도교적 관점과 거리가 멉니다. 발표되는 정치적 입장들 역시 그렇습니다. 어떤 사람들은 그리스도인이 정치에서 멀어져야 한다고 주장합니다. 예수님께서는 하느님 나라와 그분의 의로움만 구하라고 말씀하시지 않으셨습니까(마태 6,33)? 하지만 우리는 세상에 존재하고 살아가며, 이 사회의 구성원이기도 합니다. 그러므로 각 개인은 사회생활에 참여하도록 요청받으며, 정치 참여도 그 한 부분입니다.

참여

가톨릭의 참여 원리는 모든 사람이 사회에 이바지해야 한다는 것입니다. 참여는 행동이 아니라, 여러분의 존재에서 시작합니다. 가난한 사람은 부유한 사람 못지않게 참여할 수 있고, 신체적 또는 정신적으로 장애가 있는 사람도 그렇지 않은 다른 사람 못지않게 참여할 수 있습니다. 하느님께서 모든 인간을 원하시고 사랑하시기 때문입니다. 궁핍한 사람들을 돕고 스포츠와 문화를 지원하고, 억압받는 사람과 환경을 보호하고, 투표하고, 공직에 출마하는 것 등 여러 가지 모습으로 참여할 수 있습니다. 우리는 모두 서로 다른 은사를 가지고 있으며, 각자 소명에 따라 이 은사를 사용해야 합니다(로마 12,4-8). 여러분은 기도를 통해 그리고 가장 깊은 열망을 추적하면서, 이 소명을 마음 깊은 곳에서 찾을 수 있습니다(#TwGOD 4.4). 예수님께서는 그리스도인들이 세상의 빛과 소금이 되어야 한다고 말씀하셨습니다. 또한 정치 영역에서도 그분의 목적으로 나아가기 위해 최선을 다해야 합니다(마태 5,13-16).

정치

정치는 사회의 안녕을 증진하는 중요한 방법 가운데 하나입니다. 정치를 통해 우리는 인간 공동체를 올바르게 조직하는 일에 동참할 수 있습니다. 프란치스코 교황님께서는 "정치 생활을 사회 전체에 대한 봉사로 보지 않을 때, 억압, 소외, 심지어 파괴의 수단이 될 수 있습니다."라고 경고하셨습니다. 정치인들이 사회 구성원 모두의 생명과 자유, 존엄성을 존중할 때, 정치는 숭고한 소명이자 가장 위대한 형태의 사랑이 될 수 있습니다.

더 알기

그리스도인 정치가

훌륭한 그리스도인 정치가가 절실하게 필요합니다. 교회가 가르치는 것을 진정으로 믿는다면, 그리스도교의 공헌이 모든 인류의 선익이 된다는 것도 믿게 됩니다. 진정한 그리스도교적 정치는 항상 성경과 교회 가르침에 부합합니다. 하지만 그것이 현실에서 무엇을 의미하는지 분별하는 것이 항상 쉽지만은 않습니다. 따라서 그리스도인 정치가는 무엇보다도 살아 있는 신앙을 지니고, 하느님께 언제든 돌아가 의탁할 수 있도록 기도 안에서 깊은 관계를 맺어야 합니다.

새로운 상황에서 그리스도교적인 답을 찾으려 할 때, "예수님이시라면 어떻게 하셨을까?"라는 질문을 던져야 합니다. 이 질문의 답을 항상 성경에서 직접 찾을 수 있는 것은 아닙니다. 그래서 예수님을 가깝게 잘 알아야 합니다. 믿음직한 그리스도교 정치인은 예수님과 가까운 제자이며, 자신의 정치적 직분을 신성한 소명으로 알고 살아갑니다. 교회의 사회교리에 대해서 깊이 이해하는 일 또한 당연히 중요하며, 이러한 이해는 모든 문제에 대해서 자신의 신앙과 양심에 맞는 견해를 밝히도록 도와줄 것입니다.

안타깝게도 모든 그리스도인 정치가가 마땅히 그래야 할 만큼 신뢰를 주거나 올곧지는 않습니다. 그러나 그렇다고 해서 더 나은 정치를 위해 노력하는 것을 포기해서는 안 됩니다. 프란치스코 교황님께서 말씀하셨듯이, 정치인들은 넘어지고, 손이 더러워지는 일이 있더라도 포기하지 말고, 진심으로 용서를 구하고 다시 앞으로 나아가야 합니다!

투표와 봉사

그리스도인은 정치에 참여할 수 있고 또 참여해야 합니다. 첫째로 양심에 따라 투표해야 합니다. 모든 선택지가 도덕적으로 옳지 않다면, 백지로 투표하는 것이 참여의 표현이 될 수 있습니다. 어떤 그리스도인들은 정치 무대에 참여할 소명을 받았습니다. 그들은 하느님의 가르침에 따라, 그리고 사회교리의 원리에 도움을 받아 정치적 입장을 표명해야 합니다. 그리스도인들이 정치에 적극적으로 참여하는 일은 매우 중요합니다. 그들은 굉장히 복잡한 문제를 직면하기 때문에, 열심히 정치에 참여하는 그리스도인들은 우리의 지지를 받을 자격이 있습니다. 신앙의 근본적 가르침을 존중하는 정치적 타협안을 찾기는 쉽지 않습니다. 이는 유권자와 정치인 모두 그렇습니다.

더 읽어 보기

#TwGOD 4.48; #OnlineSaints 1.42.
정치 & 참여: CCC 1901, 2442 & 1913-1917;
CCCC 406, 519 & 410; YOUCAT 440-441;
DOCAT 195-197, 201-213, 219, 319 & 98-99.

기도하기

사랑하는 주님, 모든 사람의 공동선을 향한
당신의 뜻을 깨닫게 하시고,
제가 정치 생활에서 저의 몫을 다할 수 있도록
이끌어 주소서.

예수님은 정치인이었나?

예수님께서는 불의한 정권을 무너뜨리기 위해서 혁명을 일으킬 수 있었습니다. 하지만 그분은 평화와 비폭력을 가르치셨습니다(마태 5,44). 그를 따르는 이들에게 세금을 내지 말라고 말씀하실 수 있었습니다. 하지만 그 반대로 말씀하셨습니다(마태 22,21). 사람들은 예수님을 왕으로 세우려고 했지만, 그분은 산으로 피하셨습니다(요한 6,15). 본시오 빌라도가 예수님께 정치적 입장을 물었을 때, 이렇게 말씀하셨습니다. "내 나라는 이 세상에 속하지 않는다."(요한 18,36) 예수님께서는 이 말씀으로 세상의 정치와 거리를 두셨습니다. 그분은 하느님의 다스림을 선포하기 위해 오셨고, 하느님의 다스림은 세상 어떤 나라의 다스림과 달랐습니다. 예수님께서는 하느님 나라로 가는 길을 우리에게 보여 주시고자 하셨습니다. 하느님 나라의 통치 원리는 바로 사랑입니다.

인용문

숭고한 소명

"정치를 지역적, 국가적, 국제적 분야에서 엄격히 규정지어야 한다는 말은 바로 인간의 책임을 강조하는 것과 같으니, 자기 도시와 국가와 전인류의 이익을 도모하기 위하여 각 사람에게 부여된 자유 선택의 가치가 구체적으로 얼마나 중대한가를 강조하는 것과 마찬가지이다. 정치 기술은 그리스도인이 다른 사람에게 봉사해야 한다는 의무를 실천하는 한 가지 필연적 방법이지만 유일한 방법은 물론 아니다. 정치의 자율성을 인정해야 하겠지만 정치 활동에 관여하는 그리스도인은 정치 활동을 복음과 부합시키도록 노력해야 한다."

[바오로 6세 교황, 〈팔십주년〉, 46항]

"가톨릭 신자들은 '구체적인 상황에서 각자가 살아 내는 연대를 고려하기에, 다양한 선택지를 인정하는 것이 필요하다는 것을 잘 알고 있습니다. 같은 그리스도교 신앙이 다른 헌신으로 이어질 수 있습니다.' 그러므로 저는 여러분이 큰 자유로 여러분의 신앙을 살아 내기를 권고합니다. 가톨릭 신자들에게는 오직 하나의 형태의 정치적 헌신만 있다고 생각해서는 안 됩니다."

[프란치스코 교황, 젊은 남미 지도자를 위한 담화, 2019년 5월 4일]

성인

기도와 통치

쿠니군데Cunegunde는 신성 로마 제국의 황제가 될 하인리히 2세와 결혼하였습니다. 독실한 부부는 함께 기도하고, 통치하였습니다. 결단력 있는 정치 지도자였던 하인리히는 모든 중요한 결정을 쿠니군데와 함께하였습니다. 그들은 교회와 국가 사이의 관계를 올바르게 발전시켰고, 가톨릭 교회의 원리를 고수하였으며, 국가에 평화를 가져왔습니다.

생각하기

- 지난 선거에서 투표하셨나요? 그리스도인에게 투표하는 것이 중요하다고 생각하시는 이유는 무엇인가요?
- 정치인들이 선거 운동 때 발언한 내용이 그들의 진짜 입장이라고 생각하시나요? 그 이유는 무엇인가요?
- 여러분 나라의 정부에서 누가 당신을 대변하는지 아시나요? 그것이 중요한가요?
- 민주주의는 지난 수십 년 동안 변화가 있었나요? 발전했나요, 아니면 퇴보했나요? 어떻게 변했습니까?

실천하기

그리스도교에 부합하는 투표 방식이 있을까요?

신앙의 가르침에 따라 결정을 내리기 위해서는 어떤 후보가 정의와 공동선을 가장 잘 증진할 수 있는지 몇 가지 고려 사항을 확인해야 합니다.

- 돈보다 도덕: 사회적 약자를 지원하기 위해 여러분에게 유리한 세금 혜택을 폐지하려는 후보에게 투표할 준비가 되셨습니까?
- 전략적인 투표: 선거에 승리하여 정부를 구성하지 못할 것을 알면서도, 생명 존중의 뜻을 명확하게 표명하는 소수 정당에 투표해야 할까요? 아니면 그리스도인들에게 받아들여질 수 있는 원리를 가진 다른 정당이 선거에 승리하여 정권을 잡기 위해 표가 조금 더 필요하다면, 그 당에 표를 주어야 할까요?
- 그리스도교 정당에 투표: 특정 그리스도교 정당에 투표하는 것도 좋은 선택일 수 있지만, 넓은 의미에서 그리스도인의 입장을 더 잘 증진하는 다른 정당을 찾았다면, 굳이 그리스도교 정당에 투표하지 않아도 됩니다.
- "예수님이시라면 어떻게 하셨을까?"라고 묻는 것은 유용할 수 있습니다. 하지만 오늘날의 많은 문제들이 성경에 직접적으로 나오지 않기 때문에 답을 찾기 어려울 수 있습니다. 그래서 이 책에 설명하는 교회의 전승과 사회교리가 도움이 될 수 있습니다.

어떤 사람이나 정당에 투표할 준비가 되었을 때 그들의 모든 견해와 의도, 전략을 고려해야 합니다. 그러다 보면, 완벽한 후보자가 없다는 사실을 깨달을지도 모릅니다. 그러면 어떻게 투표해야 할까요? 어떤 후보자가 인류를 위해 많은 공헌을 했는지 긍정적으로 살펴보고, 차악의 선택을 하는 것입니다. 무엇보다 기도와 양심을 통해서 하느님과 함께 결정하십시오.

요약

그리스도인들은 무엇보다도 양심에 따라 투표함으로써 정치에 적극적으로 참여하도록 불렸습니다. 세상에는 훌륭한 그리스도인 정치가들이 필요합니다.

22

국가와 교회는 분리되지 않았나요?

그런데 교회는 왜 정치적 발언을 할까요? 성직자가 특정인에게 투표하라고 말할 수 있을까요? 정부에 동의하지 않을 수 있을까요?

교회와 국가는 각자 고유한 역할을 맡고 있습니다. 이 맥락에서 '교회'는 전체 교회 공동체를 뜻하며, '국가'는 사회 구성원 모두를 포함합니다. 실제로 교회와 국가 간의 대화는 각 조직의 지도자들이 실현합니다. 아우구스티노 성인은 '지상의 도성(국가)'과 '하느님의 도성(교회 공동체)'에 대해 깊이 성찰하였습니다. 그는 국가가 천상 도성을 건설하기 위한 지상에서의 준비로서 평화를 추구해야 한다고 생각했습니다(《신국론》, XIX. 17).

당연히 국가는 일시적입니다. 언젠가, 세상 마지막 날에 하느님께서 천상 능력으로 직접 다스리실 것이기 때문입니다. 젤라시오 교황님께서는 두 개의 칼에 대해 말했습니다. 나라의 세속적이고 일시적인 칼은 공동체의 공동선을 위해 자연적 권위로 다스립니다. 교회는 영적인 칼을 휘두르며, 공동체의 영적인 선익을 위해서 초자연적 권위를 행사합니다. 결국 교회는 지금 모든 이의 공동선을 위하여 일하면서, 동시에 지상 생활 이후 하느님과 함께하는 영원한 생명으로 가는 길을 보여 줍니다.

간섭인가, 돌봄인가?

교회는 예수님의 위대한 메시지를 모든 사람에게 전하면서 '영혼을 구원'할 신성한 의무를 가집니다(마태 28,19). 교회는 모든 사안에 대해 의견을 낼 수 있는데, 이는 참견하고 간섭하기 위해서가 아니라, 현재와 미래의 모든 사람을 돌보기 위해서입니다. 우리의 시민권이 하늘나라에 있으며(필리 3,20), 우리는 이 시민권을 지금 이 땅에서 사회 구성원으로서 행사하고 있습니다. 교회가 정치적 주제에 대해 언급한다면, 그것은 인류의 선을 위해서 그런 것입니다.

세속 국가

세속의 통치자들이 인간의 양심에 온전하게 귀를 기울인다면, 그들의 결정은 종교의 조언이 없더라도 정의롭고 올바를 것입니다. 모든 인간은 창조주이신 하느님의 흔적을 자기 안에 깊이 간직하고 있기 때문입니다. 이것은 전 인류가 보편적 인권을 일반적으로 동의하는 근거가 됩니다. 세속 국가는 종교 문제에 있어서 중립을 지켜야 하고, 종교와 상관없이 모든 사람을 평등하게 대우해야 합니다. 동시에 모든 개인이 종교를 선택하고 살아갈 자유를 증진해야 합니다. 안타깝게도, 현실은 항상 그렇지 못합니다.

이러한 세속 국가는 무신론을 장려하거나 종교를 해체하려는 세속주의와는 다릅니다.

성경이 말하는 권위

예수님께서는 하느님의 권위와 세속적 권위를 구별하시면서 제자들에게 말씀하셨습니다. “황제의 것은 황제에게 돌려주고, 하느님의 것은 하느님께 돌려드려라.”(마태 22,21) 이 말씀은 우리가 좋든 싫든 시민법을 준수해야 한다는 것입니다. 베드로 사도는 인간 제도의 통치를 받아들이라고 말합니다(1베드 2,13-15). 그러나 성경은 또한 “사람에게 순종하는 것보다 하느님께 순종”하라고 가르칩니다(사도 5,29). 정부가 하느님의 법을 거스른다면 우리는 정부에 순종할 수 없습니다. 하지만 우리는 언제나 통치자를 위해 기도할 수 있고, 기도해야 합니다(1티모 2,1-2).

더 읽어 보기

#TwGOD 2.1, 2.6, 2.45-48; #OnlineSaints 1.44.
사회 & 교회: CCC 1878-1904 & 2032-2040, 2244-2246, 2420-2421; CCCC 401-406 & 430, 510;
YOUCAT 322-326 & 344;
DOCAT 18, 305-316 & 31-33, 220-225.

더 알기

교회 지도자들이 누구에게 투표하라고 지시할 수 있나요?

투표는 사회 참여의 중요한 표현 방식입니다. 모든 사람은 양심에 따라 자유롭게 투표할 수 있어야 합니다. 여기에도 보조성의 원리가 적용됩니다. 공동체 구성원이 스스로 행하거나 결정할 수 있는 일을 어떤 상위 기관이 빼앗으면 안 됩니다. 따라서 교회 지도자는 누구에게 투표하라고 지시할 수 없고, 지시해서도 안 됩니다. 그렇지만 여러분은 ‘양심에 충실’해야 하는 신성한 의무가 있습니다. 주어진 상황에서 그리스도인으로서 가장 좋은 투표를 하기 위해서 최선을 다해야 합니다. 교회 지도자들은 사람들이 양심을 형성하도록 도울 수는 있지만(정확히 누구에게 투표해야 하는지 알려주지 않으면서), 그들이 공동체에서 정치적 조언을 제일 잘할 수 있는 사람은 아닙니다. 특정 평신도들이 이 분야에 훨씬 더 많은 경험이 있을 것입니다. 사실 사제는 시민 권력을 사용하는 것이 금지되어 있기에, 공직을 맡을 수 없습니다. 성직자들에게는 다른 소명이 있습니다. 하지만 평신도 그리스도인은 자신이 공직에 소명을 받았다고 생각한다면, 선거에 출마할 수 있고 또 그래야만 합니다. 평신도 그리스도인은 동료 가톨릭 신자들에게 투표하도록 권유를 할 수 있지만, 동시에 각 개인의 양심의 자유를 존중해야 합니다.

기도하기

전능하신 아버지,
정치를 통해서 당신과 사회의 형제자매들을
섬길 수 있도록 도와주시고,
당신께 배운 것을 바탕으로
모든 이의 유익을 위해 봉사하게 하소서.

민주주의는 그리스도교적인가?

어떤 사람들은 민주주의가 그리스도교에서 유래했다고 주장합니다. 하지만 이는 사실이 아닙니다. 이 용어는 고대 그리스인들이 만들었습니다. 오늘날 민주주의 체제에 대한 많은 비판이 있지만, 올바로 운영된다면 많은 다른 대안보다 낫습니다. 국민에게 권력을 부여하는 것은 보조성과 개인의 자유 원리에 부합하지만, 다수 집단의 형성이라는 위험이 있습니다. 다수 집단이 마치 증기 기관차처럼 다수 의견에 함께하지 않는 사람들의 요구를 뭉개 버리며 자기들의 뜻을 밀고 나갈 수 있습니다. 그리스도교적 관점에서 민주주의는 항상 연대성의 원리를 적용하여 소수 집단과 소외된 사람들의 권리를 옹호해야 합니다.

인용문

두 영역

"세상을 원칙적으로 다스리는 것에는 두 가지가 있는데, 그것은 주교들의 신성한 권위와 왕권입니다. 둘 중에서 사제들의 짐은 사제들이 하느님의 심판 때 세속인의 왕들을 위해서도 해명할 만큼 더 무겁습니다."

[젤라시오 교황, 아타나시우스 1세 황제에게 보낸 서한Famuli vestrae pietatis]

"국가와 사회의 정의로운 질서는 정치의 핵심 임무입니다. 그리스도교는 근본적으로 교회와 국가를 구분합니다. 국가는 종교를 강요해서는 안 되지만, 종교 자유를 보장하고 여러 종교인들의 화합을 도모해야 합니다. 또한 교회는 그 나름대로 그리스도 신앙의 사회적 표현으로서 고유한 독립성을 지니며, 국가가 인정하는 하나의 공동체로서 그 신앙의 토대 위에 세워져야 합니다. 이 두 영역은 서로 구분되지만 언제나 서로 관련되어 있습니다. 정의로운 사회는 교회가 아닌 정치를 통해 실현되어야 합니다. 그러나 공동선의 요구에 마음을 열고 의지를 불러일으키도록, 교회는 정의 증진을 위한 활동에 커다란 관심을 기울이고 있습니다."

[베네딕토 16세 교황, 〈하느님은 사랑이십니다〉, 28항]

성인

사랑하십시오. 그리고 원하는 대로 행하십시오.

아우구스티노 성인은 교회와 국가의 관계에 관하여 깊게 고찰하였습니다. 정치와 도덕에 대한 그의 궁극적인 입장은 "사랑하라, 그리고 원하는 대로 행하라."라는 말로 요약할 수 있습니다. 그는 어렵사리 신앙에 이르렀고, 평화를 얻기 전까지 죄와 의심과 큰 싸움을 치러야 했습니다. 이러한 점에서 아우구스티노 성인은 우리와 오늘날 정치인들과 다르지 않습니다!

생각하기

- 공적 자금을 종교 사업에 사용할 수 있을까요? 그 이유는 무엇인가요?
- 국가는 식사 전에 침묵 시간을 만들어, 이때 원하는 사람이 식사 전 기도를 할 수 있게끔 해야 합니까? 그 이유는 무엇인가요?
- 교회는 '차별'할 자유를 갖습니까? 예를 들어 그리스도인만 고용하고 싶을 때 어떻게 해야 합니까? 그 이유는 무엇인가요?
- 어떻게 투표할지 조언을 받고 싶으십니까? 누구에게 받기를 원하십니까?

실천하기

동의할 수 없으신가요? 그러면 참여하시겠습니까?

여러분은 정부의 정책에 동의하지 않을 수 있습니다.

- 하지만 그렇다고 해서 무기력하게 정치 참여를 포기해서는 안 됩니다. 오히려 국가의 상황이 나쁘게 흘러간다고 생각한다면, 목소리를 높이고 투표를 해야 합니다. 항상 사랑이라는 최고의 원리를 적용하는 방식으로 해야 합니다. 일상생활에서 어떻게 할 수 있을까요?
- 우리를 인도하는 가장 중요한 빛은 양심입니다. 마음 깊은 곳에서 답을 찾을 수 있습니다. 여러분은 하느님의 피조물이기 때문에 하느님 진리의 일부를 여러분 안에 간직하고 있습니다. 영감을 주시는 위대한 성령께서는 여러분이 양심의 소리에 귀를 기울이게끔 도와주십니다. 이를 잘 배우는 가장 좋은 방법은 기도와 세상을 향한 하느님의 시선을 이해하는 것입니다. 이런 방식으로 하느님과 더 가까워지고 싶습니까?
- 그리스도인은 모든 것을 다 잃어버린 것 같을 때도, 숭고한 도덕적 기반 위에 굳건히 서 있습니다. 예수님 안에서 발견되는 진리 외에 다른 것을 섬길 수 없기 때문입니다(요한 8,31-32). 이는 우리에게 힘과 온전함을 주지만, 동시에 우리를 취약하게 만듭니다. 우리가 무엇을 위해 서 있는지 반대자들이 분명히 알기 때문입니다. 그래서 우리는 정치에 참여하고 가치 있는 후보자를 지지해야 합니다. 여러분은 정치 영역에서 자신의 역할을 이런 식으로 바라본 적이 있습니까?

무슨 일이 일어나든지 성경은 정치 지도자를 위해 기도하라고 가르칩니다(1티모 2,1-2). 이것이 우리가 정치에 참여하는 첫 번째 방법이 되어야 합니다.

요약

**교회는 공동선을 위해서 목소리를 높이지만,
어떻게 투표할지는 개인의 자유로운 선택으로 남겨져야 합니다.
양심에 따라 행동한다면 정부에 동의하지 않을 수도 있습니다.**

23

SCAN

공직자가 종교적 상징물을 착용해도 될까요?

국가는 종교의 자유를 제한할 수 있을까요? 그리스도인은 민족주의자가 되거나 다른 나라로 망명하거나 혹은 다른 나라를 지지할 수 있을까요?

공공장소에 십자가와 같은 종교적 상징물을 두는 것은 때로 격렬한 논쟁을 일으키기도 합니다. 오랜 역사를 지닌 그리스도교 국가에서 모든 종교를 공평하게 대우하고자 한다면, 모든 종교적 상징물을 제거해야 할까요? 적어도 정부 청사에서는 그래야 할까요? 하지만 이러한 행위는 역사를 지우는 것이며, 이 사회의 기본 원리가 인류와 세계에 대한 특정 종교의 관점에서 유래한다는 사실을 잊는 것일 수 있습니다.

신앙의 권리

공직자가 자기 신앙을 드러내는 외적 상징물을 착용할 수 있는가에 대해서도 비슷한 논쟁이 있습니다. 이는 세속 국가를 추구하려는 열망과 결부될 뿐만 아니라, 종교의 자유라는 기본권과도 관련되어 있습니다. 예를 들어 그리스도인이 목에 작은 십자가를 걸거나, 무슬림이 자신과 타인에게 위협을 가하지 않는 범위 내에서 히잡을 착용한다면, 정부가 어떻게 이러한 종교를 선택하고 살아가는 자유를 제한할 수 있겠습니까? 특정 종교의 상징물이 착용자의 종교를 드러낼 뿐만 아니라 특정 집단의 정치적 입장을 표현하는 것으로 해석될 때 이 논쟁은 더욱 복잡해집니다.

이러한 상징이 우리에게 정말 필요한지 의문을 던질 수 있습니다. 하느님께서는 비물질적이시고, 어차피 먼 훗날 그분과 함께 있을텐데, 지금 우리의 신앙을 표현하기 위해서 물질적인 물건에 신경을 써야 할 이유가 있을까요? 하느님 나라에서는 그런 상징물이 필요하지 않습니다. 하지만 우리는 단지 영적인 존재가 아니라, 물질적인 욕구와 물질적인 몸을 지니고 있습니다. 하느님께서는 우리에게 만지고, 보고, 냄새를 맡고, 듣고, 맛볼 수 있는 능력을 주셨습니다. 각 감각은 하느님과 우리의 관계에 도움이 됩니다. 교회 전례 안에서 모든 감각이 동원됩니다 (#TwGOD 3.24). 작은 십자가나 묵주와 같은 물질적인 물건은 바쁜 일상에서 하느님과의 관계를 기억하는 데 큰 도움이 될 수 있습니다. 여러분은 이러한 물건들을 필요에 따라 자유롭게 착용하시고 사용하셔야 합니다.

사회 질서인가 검열인가?

국가가 주민들의 자유 행사를 정당하게 제한하는 방법은 많습니다. 이는 모든 사람의 기본 자유와 사회 질서를 보장하는 유일한 방법입니다. 그러나 공동선을 위한 정당한 권리 제한과 국가 검열 사이에는 분명한 경계선이 있습니다. 비흡연자의 건강을 보호하기 위해 특정 장소에서 흡연을 금지하는 것은 정당합니다. 그러나 정부가 흡연자의 건강을 보호하기 위해 전면적으로 흡연을 금지할 수 있을까요? 한편으로 어린 소녀가 흡연 중독에 빠지지 않도록 예방하는 것은 중요합니다. 하지만 평화로운 주일에 담배를 피우는 것이 삶의 즐거움인 80세 노인이 담뱃세 인상이나 흡연의 전면 금지로 그 소박한 즐거움을 누리지 못하게 된다면 공정한 처사일까요? 그리고 선택의 자유에 대해서는 어떻게 생각합니까?

모두를 위한 정의

인류에게 해를 끼치는 종교 단체를 제한하는 일은 중요하지만, 국교를 강요할 수는 없습니다. 권리와 자유의 충돌은 일반적인 규칙만으로 해결할 수 없습니다. 예외가 필요하며, 규칙은 개인과 소수 집단의 안녕에 대한 정의로운 배려가 동반되어야 합니다. 이러한 배려는 항상 공동선을 추구하려는 열망에서 흘러나와야 합니다.

더 알기

자유와 보조성

국가가 기본 인권을 얼마나 제한할 수 있는지 묻는 질문은 중요합니다. 이에 보조성의 원리는 도움이 됩니다. 예를 들어 정부가 모든 어린이에게 평등한 기회와 좋은 교육을 제공하기 위해 노력할 수 있지만, 부모의 신앙에 부합하지 않는 다른 도덕 체계를 자식에게 가르치게끔 강요할 수는 없습니다. 자신이 선택한 신앙으로 자녀를 교육하는 것은 가정의 책임입니다.

신자들은 소외되거나 직장을 잃거나 보복을 당할까 봐 두려워하지 않고 자신이 진리라고 여기고, 도덕적으로 옳다고 믿는 것을 자유롭게 표현할 수 있어야 합니다. 이는 사회의 다른 집단이 그들의 입장이 잘못되었다고 여길 때에도 마찬가지입니다. 예를 들어 어떤 그리스도인들이 주일에 쇼핑을 최소한으로 줄여야 한다고 믿는다면, 그들은 자유롭게 말할 수 있어야 하고, 심지어 평화적인 시위를 조직할 수도 있어야 합니다. 하지만 그들이 쇼핑백으로 사람들에게 물리적인 공격을 하기 시작하면 즉시 멈추게 해야 합니다.

국가는 모든 사람이 평등한 대우를 받는지 지켜보고, 모든 형태의 부당한 차별과 폭력에 맞서 싸울 책임이 있습니다. 여기에서도 보조성의 원리가 모든 사람의 기본권을 보장하는 데 도움을 줍니다.

더 읽어 보기

#TwGOD 4.11, 4.45;
#OnlineSaints 1.43, 2.48-49.
보조성 & 종교적 상징물:
CCC 1883-1885 & 2129-2132; CCCC 403 & 446;
YOUCAT 323 & 358; DOCAT 95-98.

기도하기

사랑하는 주님,
제가 모든 인간의 기본권을 존중하고,
모든 형태의 부당한 대우, 차별, 폭력에
맞설 수 있도록 도와주소서.

애국입니까 아니면 민족주의입니까?

여러분이 고향과 조국을 사랑하는 것은 당연합니다. 하지만 민족주의가 다른 민족이나 국가의 이익을 배제하거나 해치는 것을 의미한다면, 그건 잘못된 것이며 이기적인 것입니다. 여러분은 자신이 믿는 가치가 아닌, 다른 가치를 장려하는 국가에 살고 있을지도 모릅니다. 누구도 여러분의 가치를 포기하도록 강요할 수 없으며, 다른 국가를 지지할 수 있는 자유도 있어야 합니다. 하지만 양심이 허락하는 한, 그 지역의 법을 따라야 합니다. 마음속 깊은 곳에서 여러분이 여러분 국가의 법률을 지지할 수 없다고 여긴다면 저항해야 합니다. 어떤 그리스도인들은 적대적인 상황 속에서도 그곳에 남아 자신의 신앙을 증언합니다. 때때로 양심에 따라 자유롭게 믿을 수 있는 곳을 찾아 떠나는 것이 유일한 해결책일 수 있습니다. 예를 들어 경찰국가에 살면서 양심에 반하는 행동을 강요받는 경우입니다. 여러분이 떠난 나라에서는 이를 불법적 탈주라고 여길지 모르겠지만, 도덕적으로는 옳은 일일 수 있습니다. 이 모든 상황에서 성령의 인도에 자신을 맡기고, 양심의 소리에 귀를 기울이는 것이 필요합니다.

인용문

종교의 자유와 존엄성

“종교 자유의 권리는 참으로 인간의 존엄성 그 자체에 바탕을 두고 있음을 선언한다. 그 존엄성은 계시된 하느님 말씀과 이성 그 자체로써 인식된다. 종교 자유의 이러한 인간 권리는 사회의 법적 제도 안에서 인정을 받아 시민권이 되어야 한다.”

[제2차 바티칸 공의회, 종교 자유에 관한 선언 〈인간 존엄성〉, 2항]

“세계적 차원은 지역적 차원을 절대로 간과하지 않고 고려되어야 합니다. 차이를 평준화하고 특수성을 완화하는 세계화의 ‘구형’ 개념에 대한 반작용으로, 민족주의의 형태가 쉽게 재등장합니다. 오늘날 이러한 움직임들이 다시 등장하면서, 다자주의 체제를 점점 약화하고 있으며, 그 결과로 전반적인 신뢰의 결여, 국제 정치 영역에서 신용 위기, 국제 공동체 안에서 가장 취약한 구성원들의 점진적 소외가 초래되고 있습니다.”

[프란치스코 교황, 외교단 구성원들에게 한 연설, 2019년 1월 7일]

성인

자유를 통한 평화

토마스 모어Thomas More 성인은 자신의 저서 《유토피아》에서 종교의 자유 원리를 고수하면 평화가 증진될 것이며, 이는 그리스도인 사이에서 그러하다고 하였습니다. 영국 국왕은 로마 교회에 등을 돌리고 토마스 모어에게 다른 신앙을 강요했습니다. 그는 가톨릭 신앙을 충실히 지키려면, 값비싼 대가를 치러야 했습니다. 하지만 토마스는 자신의 가톨릭 신앙에 끝까지 머물렀습니다. 양심을 배신할 수 없었기 때문입니다.

생각하기

- 여러분은 여러분의 나라를 사랑하십니까? 그 이유는 무엇인가요?
- '과시적인' 종교적 상징물은 금지되어야 할까요? 그 이유는 무엇인가요?
- 종교의 자유는 다른 종교에 대한 존중을 요구할까요? 그 이유는 무엇인가요?
- 모든 사람에게 종교의 자유를 주는 것이 세계 평화에 기여할 수 있을까요?

실천하기

민족주의에 어떻게 대응해야 할까요?

민족주의자와 대중영합주의자의 목소리가 점점 커지고 있습니다. 그리스도인들은 어떻게 대응해야 할까요?

- 어떤 이들은 민족주의 덕분에 국가가 위대해졌다고 주장합니다. 하지만 그 대가는 무엇이었을까요? 역사 속에서 일방적인 부의 축적을 위해 민족 전체가 착취당하고, 끔찍한 범죄가 발생했습니다. 우리 그리스도인이 어떻게 그런 역사를 미화할 수 있겠습니까?
- 민족주의Nationalism의 위험성은 나치의 사상에서 매우 분명하게 드러납니다. 나치의 맹목적인 광신주의가 초래한 끔직한 고통은 오늘날까지 영향을 미칩니다. 여기에 그리스도교적인 것이 있습니까?
- '우리 민족이 먼저'라는 말을 듣는다면, 반드시 경계해야 합니다. 왜냐하면 예수님의 메시지는 특정 민족이 아니라 인류 전체에게 전달되기 때문입니다. 여러분을 무엇을 할 수 있습니까?

요한 바오로 2세 교황님께서 폴란드인 동포들에게 한 말로 마무리합니다. "조국에 대한 사랑은 우리를 하나로 묶고, 모든 차이를 넘어 우리를 하나로 일치시켜야 합니다. 이것은 편협한 민족주의나 쇼비니즘과 전혀 다른 것이며, 인간 마음에 새겨진 법에서 비롯됩니다."

요약

기본적 인간의 권리는 오직 다른 기본권을 보호하기 위해서만 제한될 수 있습니다.
조국에 대한 사랑은 위대하지만, 민족주의는 이기적입니다.
우리는 서로에게 맞추어 가야 합니다.

청년이 알아야 할

사회교리 Q&A

여러분의 이웃은
하느님이십니다

생명과 구원의 방향성 : 기술과 신앙 공유

 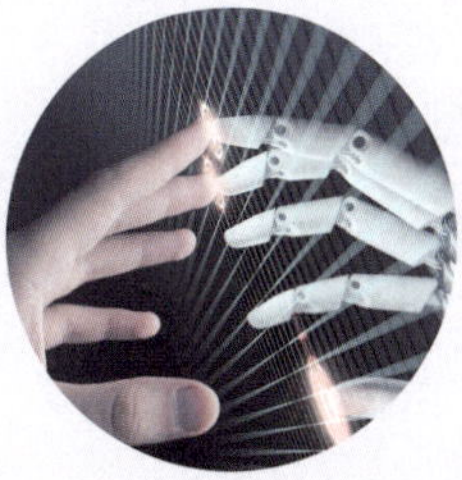  

24

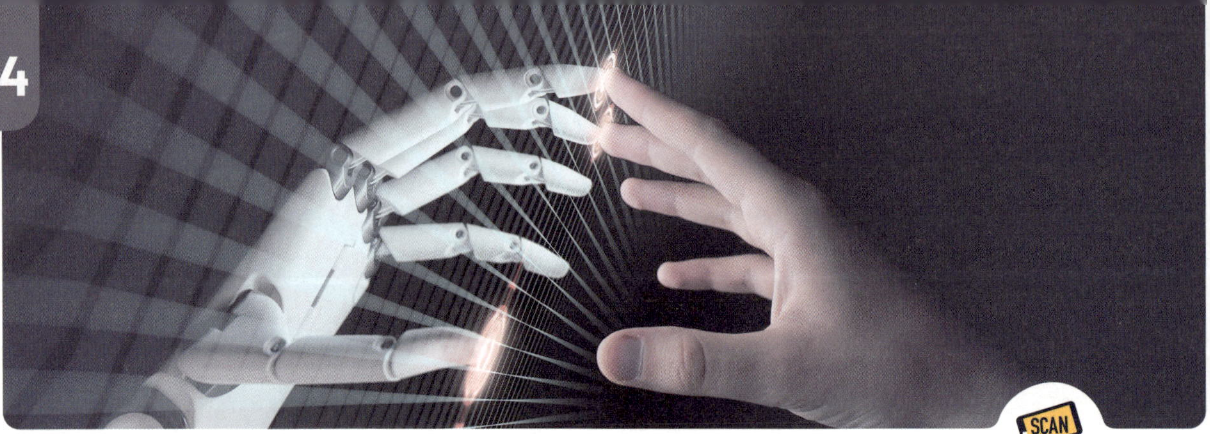

생명을 살리기 위해서라면, 인간 배아를 사용할 수 있을까요?

생명 윤리란 무엇일까요? 인공 지능AI은 축복일까요, 아니면 위협일까요?
트랜스휴머니즘에 대해 어떻게 생각하시나요?

질병은 없고, 정신적 · 신체적 능력이 향상되며, 더 길고 건강한 삶. 우리는 향상된 인간을 꿈꿀 수 있습니다. 성경은 우리가 천국에서 완전하고 '영광스러운 몸'을 갖게 될 거라 약속합니다(1코린 15,35-57). 하지만 지금은 우리의 불완전한 상황에 만족해야 합니다. 감사하게도 최근 수십 년 동안 굉장한 발전이 있었습니다. 특정 질병을 극복했고, 장애인들이 도움을 받았으며, 수명을 연장했습니다. 많은 발전은 분명히 유익하지만, 할 수 있다고 해서 다 해야 하는 것은 아닙니다. 그렇다면 우리는 어디까지 나아갈 수 있을까요?

그리스도교적 관점은 올바른 전망으로 세상을 보도록 도와줄 수 있습니다. 예수님께서는 모든 질병과 인간의 한계를 없애지 않으셨고, 우리도 그럴 수 없습니다. 또한 이 분야는 빈부 격차가 큽니다. 만약 특정 기술이 정말로 삶의 수준을 획기적으로 향상한다면, 연대의 원리에 따라 모든 사람이 그 기술을 이용할 수 있어야 합니다.

생명 윤리

바이오에틱스bioethics는 생명 윤리입니다(그리스어 bios는 생명을 의미). 예수님께서는 우리가 풍요롭게 살기를 원하시고(요한 10,10), 하느님께서는 인간 생명을 열망하십니다(창세 2,7). 그러므로 모든 단계에서 인간의 생명을 소중하게 다루고 보호해야 합니다. 생명은 수정에서 시작되고 자연적 죽음으로 마치게 됩니다. 생명 윤리에 대한 가톨릭적 관점은 새로운 가능성을 여는 급격한 기술 발전의 시대에 도덕적 결정을 내릴 수 있도록 도와줍니다.

트랜스휴머니즘

트랜스휴머니즘transhumanism이 의족이나 심박 조율기를 말한다면, 이는 매우 유익합니다. 자연은 완벽하지 않습니다. 우리가 인간으로서 더 잘 기능하도록 기술이 도와준다면, 매우 경이로운 일입니다. 하지만 이는 일반적으로 더 나은 인류를 창조하려는 철학 조류를 뜻합니다. 이것은 우리가 하느님께 창조되었고, 하느님께서 우리를 선으로 창조하셨다는(창세 1,27.31) 믿음과 모순됩니다. 슈퍼맨이 되려고 한다면, 우리는 인간다움에서 멀어질 것입니다. 왜냐하면 우리를 창조하신 하느님의 의도와 멀어지기 때문입니다.

더 알기

배아는 약인가 백신인가?

인간의 배아 세포를 의학에 사용하는 것은 윤리에 어긋나지 않습니까(#TwGOD 4.36)? 심지어 가장 작은 배아조차도 인간 존엄성과 생명권을 가지고 있는 소중한 생명입니다(#TwGOD 4.26). 중요한 도덕 원리 가운데 하나는 우리가 한 생명을 구하기 위해서 다른 생명을 희생할 수 없다는 것입니다. 물론 다른 사람을 구하기 위해 나의 생명을 희생할 수 있습니다. 막시밀리아노 콜베 성인이 나치의 강제 수용소에서 했던 것처럼 말입니다(#OnlineSaints 2.27). 하지만 나는 누구에게도, 심지어 배아에게도 다른 이를 위해 자기 생명을 희생하라고 강요할 수 없습니다.

생명 윤리에서 매우 위험한 영역 가운데 하나는 인간 배아 세포를 기반으로 하는 의학 연구입니다. 이 세포의 기원은 무엇입니까? 배아가 자연적으로 죽었다면, 이는 사후 장기 기증과 비슷하게 볼 수 있습니다(#TwGOD 4.40). 그런데 체외 수정이나 낙태를 통해 얻은 배아는 어떨까요(#TwGOD 4.28,34)? 배아가 살아 있다면, 배아는 보호받을 권리와 죽임을 당하지 않을 권리를 갖습니다. 배아가 이미 죽어 있다고 해도, 배아가 획득된 방식은 여전히 도덕적으로 용납될 수 없는 것입니다. 이는 심각한 도덕적 딜레마를 일으킵니다.

한 번 상상해 보십시오. 당신은 전 세계 사람들을 위험한 질병에서 보호할 수 있는 백신을 개발할 수 있습니다. 백신을 만들기 위해서 단지 몇 개의 배아만 죽이면 됩니다. 아주 끌리는 제안이지만, 인간 생명의 절대적 신성함이라는 원리는 이러한 생각이 심각하게 잘못되었다고 말합니다. 그러나 배아가 백신 개발 단계에서만 필요했고, 이제는 배아 없이도 백신을 생산할 수 있다면 어떨까요? 그렇다면 비윤리적으로 개발된 백신은 아마도 인간의 생명을 구하는 데 사용되면서, 무고한 인간 생명의 희생을 기리는 가장 좋은 방법이 될 수 있습니다. 아무리 작고 미약하더라도 모든 인간의 생명권은 절대적인 권리입니다.

영원한 생명

생명은 소중하기 때문에, 생명을 향상하고 연장하는 것은 좋은 일이지만, 육체적으로 불멸을 추구하는 것은 좋지 않습니다. 많은 이들은 지상에서의 삶이 꽤 좋다고 생각하지만, 누구나 한계와 고통을 경험합니다. 하느님께서는 이렇게 불완전한 삶이 영원히 지속되도록 하지 않으셨습니다. 그분께서는 우리를 위해 훨씬 더 나은 미래를 준비하셨습니다. 하늘에서 예수님과 함께할 우리의 미래는 이 땅에서 불멸하는 육체를 가지고 살아가는 유토피아가 아닙니다. 그것은 하느님의 사랑에 "네."라고 응답하는 모든 사람에게 주어진 약속입니다.

더 읽어 보기

#TwGOD 1.42, 2.11, 4.1, 4.26-40;
#OnlineSaints 1.38-39.
인간 생명: CCC 2258-2301; CCCC 466-479;
YOUCAT 378-394; DOCAT 69-83.

기도하기

사랑하는 하느님, 제가 인간 생명을 보호하고,
모든 사람의 존엄성을 증진하는 기술을
사용하도록 도우시고,
당신 보시기에 무엇이 옳은지
끊임없이 식별하게 하소서.

스스로 생각하는 기계?

절벽에서 추락한 사람을 구하는 일처럼 위험한 임무를 로봇이나 드론이 대신 수행하는 것은 기술을 훌륭하게 사용하는 예입니다. 그러나 무장한 로봇이나 드론을 적진에 파견하는 문제는 어떻게 생각해야 할까요? 얼마나 많은 재량권을 줄 수 있을까요? 무고한 아이들을 만난 군인은 아마도 양심의 소리에 귀를 기울이고, 발포 명령에 따르지 않을 것입니다. 하지만 참과 거짓이라는 이진법 체계에 바탕을 둔 연산으로 결정을 내리는 '스스로 생각하는' 살생 로봇에게 양심을 기대할 수 있겠습니까?

생각하기

- 기술이 죽음을 없앨 수 있다고 생각하십니까? 그 이유는 무엇인가요?
- 일상 환경에서 인간 생명을 증진하고 보호하기 위해 무엇을 할 수 있을까요?
- 트랜스휴머니즘 철학이 제기하는 가장 큰 도전은 무엇이라고 생각하십니까?
- 기술과 다르게, 예수님께서는 이 삶 너머를 바라보라고 촉구하십니다. 이 삶 너머를 바라본다는 것이 여러분에게 어떤 의미입니까?

인용문

위험과 가능성

"현시대는 실험 기술로 만들어진 인공 지능에 우선순위를 두는 듯합니다. 이렇게 모든 과학은 항상 인간을 보호하고, 진정한 선을 향한 인간의 열망을 증진해야 한다는 사실을 잊고 있습니다."

[베네딕토 16세 교황, 학생들에게 한 연설, 2006년 10월 21일]

"디지털 혁신은 우리 삶의 모든 측면에 영향을 미칩니다. 불평등은 엄청나게 확대되었고, 지식과 부는 소수의 사람 손에 축적되어 민주 사회를 심각한 위험에 떨어뜨립니다. 하지만 이러한 위험 때문에 새로운 기술의 훌륭한 잠재력을 깎아내려서는 안 됩니다. 교회의 사회교리 원리는 중요하게 기여할 수 있습니다."

[프란치스코 교황, 교황청 생명 아카데미에서 한 연설, 2020년 2월 28일]

성인

온전한 인간 발전을 위한 식별

힐데가르트 폰 빙엔Hildegard von Bingen은 의학, 수학, 약학, 음악, 윤리, 시, 종교 등 여러 분야에 대한 연구로 인간의 온전한 발전을 추구했습니다. 성녀에게 이 모든 주제는 연결되어 있었습니다. 모든 것이 창조주이신 하느님께로부터 비롯되었기 때문입니다. 우리는 인간 존재로서 많은 가능성을 가지고 있습니다. 생각이나 욕망에 따라 행동하는 것이 윤리적인지 매번 신중하게 식별해야 합니다. 오직 하느님과의 친밀한 관계 안에서만 그 답을 찾을 수 있습니다.

실천하기

인공 지능 AI: 축복인가 위협인가?

모든 인간의 창조물과 마찬가지로 인공 지능은 하나의 도구입니다. 그 자체로는 선하거나 악한 것이 아니며, 오직 사람의 사용에 따라 선이나 악이 됩니다. 몇 가지 생각할 거리가 있습니다.

- AI가 독립적인 지능의 한 형태로 발전한다면, 윤리적 문제는 사람의 사용 방식에만 국한되지 않고, 이 지적인 생명 자체의 '결정'과도 관련됩니다. 로봇은 도덕적으로 잘못된 일을 할 수 있는데, 그러면 그 책임은 로봇에게 있습니까, 아니면 로봇을 만든 사람에게 있습니까?
- AI가 인간과 더욱 비슷해지고 어떤 면에서는 우리보다 더욱 똑똑해진다면, 우리는 인간이란 존재가 무엇인지 다시 생각하게 될 것입니다. 동물도 어떤 형태의 지능이 있지만, 인류는 다른 차원의 지능을 가졌습니다(#TwGOD 1.3). 우리를 인간으로 만드는 것은 단순한 지능이 아닙니다. 궁극적으로 하느님께서 우리를 인간으로 창조했기 때문에 인간입니다. 그렇다면 AI는 인간과 같은 권리를 주장할 수 있습니까?
- 우리를 인간이 되게 하는 것은 우리의 의지입니다. 기계는 의지를 가지고 있습니까? 우리는 하느님에 의해 프로그래밍되지 않았습니다. 만약 프로그래밍되었다면, 우리의 잘못된 행동은 프로그램의 실수일 뿐입니다. 완벽한 하느님께서는 그런 실수를 하실 수 없습니다. 우리의 잘못된 행동은 자유 의지의 결과입니다. 자유 의지가 어떻게 우리를 AI와 다르게 만들까요?
- AI는 복잡한 수술 중에 외과의를 돕거나 의사를 만나기 전에 간단한 진단을 내릴 수 있습니다. 그런데 말하는 로봇 안에 AI를 탑재하여 요양원의 동반자들을 대체한다면, 이것은 어떻게 생각하나요? 요양원 업무로 과로에 시달리는 직원들이 제공할 수 없는 정서적 지원과 돌봄을 AI가 대신해 줄 수 있다고 주장할 수 있습니다. 하지만 AI가 진정한 인간적 교감을 제공할 수 있을까요?
- AI는 하느님의 창조물이 아니라 인간이 만든 기계입니다. 그들이 아무리 지적이고 독립적이라고 하더라도, 그들이 하느님을 믿을 수 있을까요? 사랑할 능력이 있을까요? 기도할 수 있을까요? 세례를 받을 수 있을까요?

지금 언급한 질문은 AI의 발전이 올바른 도덕적 선택을 위한 도전 거리를 제공하면서, 우리에게 중요한 질문을 던집니다.

요약

바이오에틱스는 생명 윤리입니다. 하느님 눈에 생명은 가장 귀중한 것입니다.
기술은 모든 인간의 존엄성이 존중되기만 한다면 인류를 크게 발전시킬 수 있습니다.

25

어떤 이는 모든 것을 누리고, 다른 이는 아무것도 누리지 못하는 이유는 무엇일까요?

고통 속에 신음하는 이들이 있는데, 어떻게 나는 행복할 수 있을까요?
신앙으로 모든 것을 이해할 수 있을까요? 정말로 회개가 필요한가요?

창조 때 하느님께서는 좋은 세상을 바라셨지만, 인간은 사랑이 아닌 자신을 위한 선택을 했습니다(#TwGOD 1.4). 인류가 죄로 타락한 이래로, 세상은 불완전한 곳이 되어 버렸습니다. 하느님께서는 사람들이 가난하고, 병들고, 약하고, 고통을 받을 때마다 고통스러워하십니다. 예수님께서 태어나셨을 때, 하느님 자신도 가난하고 약해지셨습니다. 예수님 안에서, 하느님께서는 당신이 사랑이라는 것을 드러내셨습니다(1요한 4,8). 예수님 안에서, 하느님께서는 끔찍하고 불의하게 고통을 받으셨습니다(1베드 2,21-24). 예수님 안에서, 하느님께서는 가난한 이, 약한 이, 병든 이, 고통받는 이 곁에 함께 계십니다(루카 4,18-19). 이것이 바로 '가난한 이를 위한 선택'을 해야 하는 궁극적인 이유입니다.

언제나 희망은 있습니다

예수님께서 많은 기적을 행하셨지만, 모든 고통과 연약함, 가난을 없애지 않으셨습니다. 우리도 그럴 수 없습니다. 예수님께서는 그의 친구 라자로가 병들었을 때, 이 병이 하느님의 위대하심을 보여 줄 도구가 될 것이라고 말씀하셨습니다(요한 11,4). 우리는 언젠가 죽게 된다는 것을 잘 압니다. 다행히도 예수님께서는 하늘에서 그분과 함께 살게 될 미래를 우리에게 약속하셨습니다. 그곳에서는 모든 것이 마침내 완전해질 것입니다. 이 약속은 이 땅에 사는 우리의 관점을 바꾸고, 고통을 조금 더 잘 견딜 수 있게 합니다. 우리는 절망할 필요가 없습니다. 언제나 더 나은 삶에 대한 희망이 있기 때문입니다. 예수님께서는 우리가 모든 사람에게 이 놀라운 소식을 전하기를 원하십니다(마르 16,15).

하느님께서는 당신이 필요하십니다!

행동으로도 말해야 합니다. 예수님께서는 사랑에서 우러나오는 연대성의 원리를 가르쳐 주셨습니다. 우리가 가진 것을 형제자매들과 나눠야 합니다. 예수님께서는 우리가 세상과 삶의 조건을 변화시킬 수 있다고 알려 주셨습니다. 왜 어떤 사람들은 모든 것을 소유하고, 다른 사람들은 아무것도 가지지 못했냐고 묻는다면, 그것은 하느님의 잘못이 아니라, 우리의 잘못입니다. 불의한 상황의 변화는 우리에게 달려 있습니다. 예수님을 따르고, 이 책에 제시된 원리를 따라서 시작해 봅시다.

여러분도 언젠가 죽는 존재임을 기억하는 것이 도움이 됩니다. 이것은 죽음에 대한 병적인 집착이 아니라, "오늘이 나의 마지막 날이라면 나는 다른 일을 할 것인가?"라는 질문을 하게 됩니다. 만약 여러분이 하느님과 완전한 평화 속에 있다면, 그 답은 "아니오."일 것입니다. 여러분은 마지막 날에도 언제나 하던 그대로 하느님과 이웃을 사랑하며 살아갈 것입니다.

십자가

여러분은 모든 사람의 상황을 혼자만의 힘으로 바꿀 수 없습니다. 바로 이 지점에서 예수님의 십자가 고난은 새로운 차원을 얻습니다. 예수님께서 고난을 받으시고 돌아가신 이유는 단 한 가지였습니다. 우리가 부정적인 경향과 죄를 극복하고, 오직 사랑으로 살아가도록 그러신 것입니다. 예수님께서는 여러분이 하느님께 죄를 용서받고, 다시 한번 그분과 함께 기쁨으로 살아갈 수 있게 하셨습니다(#TwGOD 1.26-28).

무엇보다 하느님께서 여러분을 행복하게 창조하셨기 때문에 그럴 수 있습니다. "주님 안에서 늘 기뻐하십시오. 거듭 말합니다. 기뻐하십시오."(필리 4,4) 이 삶의 마지막은 고통이 아닙니다. 예수님의 십자가상 희생 덕분에 지금 고통받는 이들 앞에 하늘나라에서의 더 나은 삶이 기다리고 있습니다. 모든 것이 아직 완전하지 않더라도 우리가 행복할 수 있는 이유입니다.

더 알기

행복에 대한 약속

예수님께서는 우리에게 여덟 가지 진정한 행복을 주셨습니다. 이는 행복이 이 세상에서만 존재하는 것이 아니라 항상 미래의 하늘나라와 연결되어 있음을 알려 주기에 우리 자신이나 다른 사람이 고통 속에 있을 때에도 진정한 그리스도인은 행복할 수 있습니다.

1. "행복하여라, 마음이 가난한 사람들! 하늘나라가 그들의 것이다.
2. 행복하여라, 슬퍼하는 사람들! 그들은 위로를 받을 것이다.
3. 행복하여라, 온유한 사람들! 그들은 땅을 차지할 것이다.
4. 행복하여라, 의로움에 주리고 목마른 사람들! 그들은 흡족해질 것이다.
5. 행복하여라, 자비로운 사람들! 그들은 자비를 입을 것이다.
6. 행복하여라, 마음이 깨끗한 사람들! 그들은 하느님을 볼 것이다.
7. 행복하여라, 평화를 이루는 사람들! 그들은 하느님의 자녀라 불릴 것이다.
8. 행복하여라, 의로움 때문에 박해를 받는 사람들! 하늘나라가 그들의 것이다.

기뻐하고 즐거워하여라. 너희가 하늘에서 받을 상이 크다."(마태 5,1-12)

더 읽어 보기

#TwGOD 1.26-28, 1.36-37, 4.1-2;
#OnlineSaints 1.39, 2.30.
십자가 & 행복: CCC 613-618 & 1716-1724;
CCCC 122-123 & 359-362;
YOUCAT 101-102 & 281-285; DOCAT 209 & 17.

기도하기

사랑하는 주님,
당신께서는 고통받는 모든 이와 가까이 계십니다.
제가 할 수 있는 곳에서 그들을 돕도록 이끄시고,
하늘나라에서 오직 당신과 함께할 때에만이
우리 삶이 완전해질 수 있음을 알게 하소서.

믿음과 실천: 기도

성경은 우리에게 신앙을 가지고, 도움이 필요한 이들을 위해 기도하라고 요청합니다(1티모 2,1; #TwGOD 3.1). 야고보 성인은 선행이 없는 믿음을 죽은 믿음이라고 덧붙였습니다. "어떤 형제나 자매가 헐벗고 그날 먹을 양식조차 없는데, 여러분 가운데 누가 그들의 몸에 필요한 것은 주지 않으면서, '평안히 가서 몸을 따뜻이 녹이고 배불리 먹으시오.' 하고 말한다면, 무슨 소용이 있겠습니까?"(야고 2,15-16) 여러분은 다른 이를 도울 수 있는 일이 많습니다. 하지만 선행만으로는 충분하지 않습니다! 예수님께서는 우리가 그분을 믿도록 초대하시고, 사도들이 도움이 필요한 사람을 도울 수 있다고 믿지 못했을 때 그들을 꾸짖으셨던 것처럼 우리를 꾸짖으십니다(마태 17,14-20). 우리는 가난하고 도움이 필요한 사람들을 돕기 위해 우리가 할 수 있는 것을 해야 하지만, 우리의 실천은 항상 부족할 것입니다. 그렇지만 상황이 아무리 절망적으로 보이더라도 항상 희망이 있습니다. 희망은 믿음 위에 세워집니다. 예수님께서는 가장 넓은 삶의 전망, 즉 하늘나라에서 그분과 함께할 우리의 미래를 선포하기 위해 오셨습니다. 하늘나라에 이를 때까지 우리는 세상을 변화하기 위해 우리가 할 수 있는 일을 해야 합니다. 세상의 모든 고통을 기도 안에서 하느님께 가져가야 합니다.

인용문

온전한 회개

"우리는 '생태적 회심'을 격려하고 지지해야 합니다. 또한 '인간적' 생태학이 중요합니다. 인간적 생태학이란, 모든 생명의 근본적인 선을 보호하고, 미래 세대를 위해 창조주의 계획에 더욱 부합하는 환경을 준비하면서 창조물의 존재를 더욱 존엄하게 만드는 것입니다."

[요한 바오로 2세 교황, 일반 알현, 2001년 1월 17일]

"우리의 생태적 회심이 필요합니다. 이러한 회심은 관계들의 변화로 통합적으로 이해되어야 합니다. 우리의 형제와 자매, 다른 살아 있는 존재들, 풍요롭고 다양한 피조물, 그리고 모든 생명의 기원이며 원천이신 창조주와 우리가 맺고 있는 관계들이 바뀌어야 합니다."

[프란치스코 교황, 제53차 세계 평화의 날 담화, 4항]

성인

세상에 기쁨을

필립보 네리Philip Neri 성인은 로마의 가난하고 소외된 사람들을 위해 자신의 삶을 헌신하였습니다. 그는 고통을 겪는 것이 무엇을 의미하는지 알았기에, 모든 사람을 도울 수 없다는 사실에 좌절했을 것입니다. 그러나 그는 기쁨이 넘치는 사람으로 농담도 잘하고 항상 웃음이 가득했습니다. 특히 기도에 많은 시간을 바쳤습니다. 동료들과 함께 성체 안에 계신 예수님 앞에서 40시간 동안 번갈아 기도하기도 했습니다.

생각하기

- 여러분은 재화와 기회의 분배가 더욱 공정해지도록 어떻게 기여할 수 있을까요?
- 사람들이 하느님께서 아무것도 하지 않는다고 말할 때, 어떻게 대답하시겠습니까?
- 기도가 세상을 바꿀 수 있을까요? 그 이유는 무엇인가요?
- 여러분은 이 책을 읽은 후 더 행복해질 수 있다고 생각하시나요? 그 이유는 무엇인가요?

실천하기

회개가 필요한가요?

여러분은 자신이 꽤 좋은 사람이라고 생각할 수도 있습니다. 여러분은 이웃과 나누고, 재활용도 잘하고, 참여도 잘하고, 너그럽기까지 합니다. 그런데도 회개가 필요한가요?

- 예수님과 그분의 가르침에 우리 삶을 헌신하기 위해서 개인적인 회개가 필요합니다. 하지만 회개한 다음에도, 너무나 쉽게 이기적인 생각과 행동에 빠집니다. 그래서 여러분은 매일 새롭게 회개하여 하느님께 드린 처음의 약속으로 되돌아가야 합니다. 하느님께서 여러분 곁에 계실 때에만 여러분은 세상의 공포에 맞설 수 있습니다. 여러분은 하느님께 돌아가기를 원하십니까?
- 우리 공동체와 사회에는 죄의 구조가 존재하기에, 사회적 회개도 필요합니다. 개인과 사회 모두 남이 한다거나 하지 않는다는 변명 뒤에 숨을 수 없습니다. 회개는 바로 여러분의 몫입니다. 사회적 회개가 필요하다고 보는 영역은 어디입니까?
- 우리는 생태적 회개도 필요합니다. 예수님과 맺는 관계는 우리 주변 세상과 새로운 관계를 맺게 할 것입니다. 이것이 여러분에게 어떤 의미입니까?
- 모든 회개는 예수님과 더 가까워지는 것을 의미합니다. 우리는 다른 사람들이 회개의 순간에 나아가도록 도울 수 있습니다. 하지만, 마지막 순간에는 그들이 개인적으로 선택할 수 있어야 합니다. 그래서 여러분이 할 수 있는 일은 사람들에게 하느님 안에서만 찾을 수 있는 대응의 아름다움을 부드럽게 제시하고 설명하는 것뿐입니다. 어떻게 할 수 있을까요?

오직 개인적이고 집단적인 회개를 통해서만 세상을 하느님께서 원하시는 좋은 장소와 비슷하게 만들 수 있으며, 이것이 하늘나라에서 우리를 기다리는 삶의 희미한 전주곡일 뿐임을 깨달아야 합니다.

요약

하느님께서는 세상이 다른 모습이기를 바라셨지만, 우리가 지금의 모습으로 만들었습니다.
우리는 하느님의 의도를 깨닫기 위해 회개해야 합니다.
예수님의 사랑은 지금 그리고 하늘나라에서 우리에게 행복을 가져다줍니다.

복음화로 굶주림의 문제를 해결할 수 있을까요?

하느님께서는 왜 내가 신앙의 증인이 되기를 바라실까요?
나의 직업으로 복음을 전할 수 있을까요?

예수님께서는 제자들에게 이렇게 말씀하셨습니다. "너희는 온 세상에 가서 모든 피조물에게 복음을 선포하여라."(마르 16,15) 그리스도인은 우리 신앙의 아름다움을 다른 이들에게 알려야 합니다. 신앙을 받아들이는 것은 그들의 몫이지만, 예수님과 함께 살아가는 삶이 그들에게 가져올 지지와 영감을 알게 할 기회를 주는 것은 우리의 임무입니다.

신앙을 선포하는 첫 번째 방법은 그것을 살아 내는 것입니다. 예수님을 웅변적으로 선포하지만, 삶으로 사랑을 살아 내지 못한다면, 복음 전파자로서 부족합니다. 우리는 삶의 모든 측면에서 연대를 실천해야 합니다. 기도 또한 연대의 한 형태입니다. 기도 안에서 사람들을 하느님 앞에 데려오면서 그들의 삶을 함께 공유합니다. 그들을 위해 중재 기도를 바칩니다. 하느님께 그들을 도와주십사 청하고, 성인들에게 전구를 청합니다(#TwGOD 4.15; #OnlineSaints 2.7).

빵 이상의 것

가난한 사람과의 연대는 단순히 빵을 나누는 것을 넘어섭니다. 예수님께서 말씀하셨습니다. "사람은 빵만으로 살지 않고 하느님의 입에서 나오는 모든 말씀으로 산다."(마태 4,4) 우리는 빵을 나누면서 예수님께서 우리에게 가르치신 나눔을 실천하게 됩니다(마태 14,16). 또한 영적으로 가난한 이들과 신앙을 나누면서, 사람들의 영적 굶주림을 채워 줍니다. 이것 또한 예수님의 가르침에 따르는 것입니다. 이 둘은 항상 함께 갑니다.

배고픔에 대한 응답으로 성경을 보내는 것은 충분하지 않습니다. 영적인 결핍과 육체적 결핍은 함께하기 때문입니다. 세상에 굶주림이 있는 한, 인간의 고통을 덜어 주는 식량 긴급 지원은 매우 중요합니다. 온전한 인간 발전은 영적 안녕을 포함하는 인간 전체에 관한 관심을 요구합니다. 이런 것들을 고려한다면, 신앙의 선포는 참된 자비의 활동입니다.

천상적 사회 정의

세상의 모든 사람이 항상 예수님의 가르침에 따라 살아간다면, 세상은 정의와 평화로 가득할 것입니다. 정의와 평화를 위한 우리의 노력은 예수님께서 우리에게 약속하신 하늘나라의 삶의 전조가 됩니다. 예수님께서는 하느님과 함께 평화를 누리는 영원한 생명의 길을 열어 주시면서 세상의 악을 정복하셨습니다(요한 16,33). 이사야 예언자는 이러한 평화를 내다보며 이렇게 예언하였습니다. "늑대가 새끼 양과 함께 살고 젖먹이가 독사 굴 위에서 장난하며 사람들은 악하게도 패덕하게도 행동하지 않으리다."(이사 11,6-9) 이것은 단지 하늘나라 낙원에 대한 미래의 환시가 아닙니다. 우리가 모든 인간의 온전한 발전을 위해 노력하고, 그들의 육체적이고 영적인 결핍을 채워 준다면, 지금 여기에서 이러한 평화가 부분적으로나마 실현될 수 있습니다.

하느님께서는 여러분이 필요하십니다!

낙담하지 마십시오. 하느님의 도움이 함께한다면, 여러분은 불가능한 일을 할 수 있고, 세상을 변화시킬 수 있습니다. 무엇보다 여러분의 삶의 방식과 기도를 통해서 이루어집니다. 여러분은 그렇게 생각하지 않을 수 있지만, 하느님께서는 여러분이 필요하십니다. 용기를 가지십시오. 여러분은 변화를 만들 수 있습니다! 바오로 사도는 여러분에게 말합니다. "나는 여러분을 기억할 때마다 나의 하느님께 감사를 드립니다. 그리고 기도할 때마다 늘 여러분 모두를 위하여 기쁜 마음으로 기도를 드립니다. 여러분이 첫날부터 지금까지 복음을 전하는 일에 동참하고 있기 때문입니다."(필리1,3-6)

더 알기

온라인 선교사

예수님께서는 모든 사람을 선교사로 부르시어 온 세상으로 파견하십니다(마르 16,15). 오랜 세월 동안 교회는 복음을 전파하기 위해 선교사를 보냈습니다. 그러나 복음을 전하도록 불린 완전히 새로운 '대륙'이 있다는 사실을 아십니까? 베네딕토 16세 교황님께서는 특히 젊은이에게 '디지털 대륙'을 복음화하라고 요청하셨습니다. 수많은 사람이 온라인에서 많은 시간을 보내는 지금, 그들이 삶을 위한 복음의 아름다움을 발견하도록 돕는 것은 우리의 의무입니다. 교황님께서는 "인간의 마음은 이러한 세상을 갈망합니다. 사랑이 지속되고, 은사를 공유하며, 일치가 이루어지고, 존중 어린 친교 안에서 정체성을 찾는 세상, 이러한 세상을 갈망합니다."라고 말씀하셨습니다. 예수님에 대한 우리의 신앙은 이러한 기대에 응답할 수 있는 커다란 선물이요, 전해야 할 보물입니다. 여러분도 온라인 선교사가 될 수 있습니다!

더 읽어 보기

#TwGOD 4.49-50; #OnlineSaints 1.16-20.
복음화 & 자유: CCC 91, 849-856, 2044-2046 & 2104-2109; CCCC 172-173, 433, 444; YOUCAT 11, 133, 347 & 354; DOCAT 30.

기도하기

사랑하는 하느님,
우리 이웃의 몸과 마음을 잘 돌보고,
세상을 위한 믿음의 증인으로서
당신과 진실한 관계를 살아가도록 도와주소서.

거룩해지는 삶

사회교리는 여러분이 일상생활 속에서 거룩해지도록 돕습니다. 매일의 선택을 통해 여러분은 예수님과 더욱 일치할 수 있습니다. 이러한 매일의 선택에는 공정하고 친환경적인 제품을 선택하는 일, 재활용을 하고 쓰레기를 줄이는 일, 가난한 사람과 노숙자에게 자선을 베푸는 일, 주변에 평화를 이루는 것, 사회 참여 등이 있습니다. 미사는 마지막에 "미사가 끝났으니 가서 복음을 전합시다."라는 말과 함께 파견됩니다. 이 파견은 예배의 끝이 아니라, 세상 안에서 예수님과 새로워진 관계의 시작입니다. 이 관계는 여러분의 신앙과 여러분의 모든 것을 형제자매들과 나누도록 요청합니다. 그리하여 여러분은 더욱 거룩해지고 예수님께 더 가까이 다가갈 수 있습니다.

인용문

복음화의 도구

"교도권은 그 자체로써 복음 선교를 위한 어떤 도구적 가치를 가지고 있다고 인정된다. 교회의 사회 교도권은 모든 사람들에게 하느님 그리고 그리스도 안에 이루어진 구원을 선포하며, 같은 이유로 인간을 인간 자신에게 드러내 보여 준다. 이러한 이유와 조명으로만 나머지 문제가 취급된다. 예를 들어 각자의 인권과 특히 '프롤레타리아'의 인권, 가정과 교육의 권리, 국가의 의무, 국가 사회와 국제 사회의 조직, 경제 생활, 문화, 전쟁과 평화, 그리고 잉태의 순간부터 시작해서 죽음에 이르기까지의 생명에 대한 존중 등이 있다."

[요한 바오로 2세 교황, 〈백주년〉, 54항]

"그리스도인의 삶은 역동이 필요하며, 성령의 인도에 따라 기꺼이 걸어갈 마음이 필요합니다. 세상은 감동을 받아들이고, 인생 여정을 걷는 데 지치지 않는 그리스도인이 필요합니다. 세례받은 모든 사람은 예수님의 위로를 모든 사람에게 전해야 합니다."

[프란치스코 교황, 삼종 기도, 2020년 2월 2일]

성인

하느님의 인플루언서

카를로 아쿠티스Carlo Acutis는 컴퓨터에 대한 열정이 있었지만, 하느님에 대한 열정이 더 컸습니다. 아쿠티스는 최초의 온라인 선교사 중 하나로서, 컴퓨터를 이용하여 사람들에게 하느님을 전했습니다. 그는 사람들이 하느님에 의해 창조되고 사랑받았듯이, 더욱 자기 자신이 되도록 격려하고 싶었습니다. 그는 예수님과 친밀했기 때문에, 죽을 병에 걸렸다는 사실도 차분하게 받아들였습니다. 그는 15세에 세상을 떠났습니다.

생각하기

- 여러분은 신앙을 증거하고 전하기 위해서 완벽해야 합니까? 그 이유는 무엇인가요?
- 행실이 나쁜 그리스도인은 안티-복음 선포자입니까? 그 이유는 무엇인가요?
- 신앙에 대해서 이야기하는(혹은 이야기하지 않는), 개인적인 이유가 있습니까?
- 정치와 경제에 대해서 말하는 것을 줄이고, 영혼의 구원에 대해서 더 많이 말해야 합니까? 그 이유는 무엇인가요?

실천하기

나의 직업을 통해 어떻게 복음을 전할 수 있을까요?

여러분은 복음을 통해 사람들에게 다가갈 수 있는 좋은 자리에 있습니다.

- "내가 왜 복음을 전해야 할까요?" 예수님께서 그렇게 하라고 말씀하셨기 때문입니다(마르 16,15). 신앙은 여러분에게 힘과 기쁨을 줍니다. 그리고 여러분은 그 힘과 기쁨을 다른 이들도 누리기를 바랍니다. 신부님과 수녀님은 그리스도인 가운데 작은 비율을 차지합니다. 복음 전파 활동을 그들에게만 맡기는 것이 옳습니까? 여러분은 그들이 갈 수 없는 곳에 갈 수 있습니다. 자신을 선교사로 생각해 본 적이 있으십니까?
- "먼저 나의 행동으로 신앙을 선포해야 하지 않을까요?" 물론입니다. 여러분은 여러분 신앙에 부합하는 삶을 살면서 예수님과의 관계를 증언해야 합니다. 하지만 일상의 경험을 바탕으로 자신의 언어로 말하는 것 또한 중요합니다. 여러분은 그렇게 하실 수 있으십니까?
- "그들은 내 말을 듣지 않을 겁니다."라며 반박할 수 있습니다. 모세도 같은 말을 했습니다(탈출 4,10-17). 하느님께서는 여러분에게 성령의 도우심을 약속하십니다(루카 12,11-12). 여러분은 무슨 말을 어떻게 해야 할지 걱정할 필요가 없습니다. 다른 사람을 배려하고, 그들의 말과 어려움을 경청하고, 적절한 순간이라고 여겨질 때 예수님과의 관계에 대해서 겸손하게 나누십시오. 두려울 것이 뭐가 있습니까?
- "그들이 신앙을 받아들이지 않는다면 어떻게 해야 하나요?" 여러분이 사람들의 마음을 바꿀 수는 없습니다. 하느님께서는 그들에게 당신을 받아들이거나 받아들이지 않을 수 있는 자유를 주셨습니다. 인내심을 가지십시오. 여러분도 그들에게 자유를 주고, 그들이 선택의 자유를 받았다고 느끼게 하십시오. 여러분은 그러한 거룩한 초연함에 준비가 되어 있습니까?

예수님과 내밀한 친교를 이루며 살아가고, 사회교리를 따른다면, 오늘날 세상에서 복음을 선포할 수 있습니다.

요약

복음은 우리 세상의 극심한 영적 굶주림을 채워 줄 수 있지만, 빵도 함께 나누어야 합니다.
여러분은 삶의 모범을 통해서 직장에서도 하느님을 증언해야 합니다.

부록

부록 1: 성경

구약

창세	창세기
탈출	탈출기
레위	레위기
민수	민수기
신명	신명기
여호	여호수아기
판관	판관기
룻	룻기
1사무	사무엘기 상권
2사무	사무엘기 하권
1열왕	열왕기 상권
2열왕	열왕기 하권
1역대	역대기 상권
2역대	역대기 하권
에즈	에즈라기
느헤	느헤미야기
토빗	토빗기
유딧	유딧기
에스	에스테르기
1마카	마카베오기 상권
2마카	마카베오기 하권
욥	욥기
시편	시편
잠언	잠언
코헬	코헬렛
아가	아가
지혜	지혜서
집회	집회서
이사	이사야서
예레	예레미야서
애가	애가
바룩	바룩서
에제	에제키엘서
다니	다니엘서
호세	호세아서
요엘	요엘서
아모	아모스서
오바	오바드야서
요나	요나서
미카	미카서
나훔	나훔서
하바	하바쿡서
스바	스바니야서
하까	하까이서
즈카	즈카르야서
말라	말라키서

신약

마태	마태오 복음서
마르	마르코 복음서
루카	루카 복음서
요한	요한 복음서
사도	사도행전
로마	로마 신자들에게 보낸 서간
1코린	코린토 신자들에게 보낸 첫째 서간
2코린	코린토 신자들에게 보낸 둘째 서간
갈라	갈라티아 신자들에게 보낸 서간
에페	에페소 신자들에게 보낸 서간
필리	필리피 신자들에게 보낸 서간
콜로	콜로새 신자들에게 보낸 서간
1테살	테살로니카 신자들에게 보낸 첫째 서간
2테살	테살로니카 신자들에게 보낸 둘째 서간
1티모	티모테오에게 보낸 첫째 서간
2티모	티모테오에게 보낸 둘째 서간
티토	티토에게 보낸 서간
필레	필레몬에게 보낸 서간
히브	히브리인들에게 보낸 서간
야고	야고보 서간
1베드	베드로의 첫째 서간
2베드	베드로의 둘째 서간
1요한	요한의 첫째 서간
2요한	요한의 둘째 서간
3요한	요한의 셋째 서간
유다	유다 서간
묵시	요한 묵시록

부록 2: 사회교리의 기초 문헌

레오 13세 교황, 〈새로운 사태*Rerum Novarum*〉, 1891

산업 혁명 이후에도 노동자의 존엄성과 권리를 수호해야 합니다. 노동자는 사유 재산권과 노동조합에 가입할 권리를 갖습니다. 모두를 위한 정의를 실현해야 하고, 가난하고 약한 이에게 특별히 관심을 기울여야 합니다.

비오 11세 교황, 〈사십주년*Quadragesimo Anno*〉, 1931

비오 11세 교황님은 〈새로운 사태〉 반포 40주년을 맞아, 경제 불황에 대한 응답으로 권력과 부의 더욱 공정한 분배를 촉구했습니다. 이는 특별히 연대와 보조성의 원리를 바탕으로 이루어져야 합니다.

요한 23세 교황, 〈어머니요 스승*Mater et Magistra*〉, 1961

지상에 사는 이들은 모두 하나의 공동체를 이루고, 공동선을 위해 노력해야 합니다. 사회교리는 개발 도상국과 농촌에 적용됩니다. 신자들은 세상을 변화시키는 데 중요한 역할을 합니다.

요한 23세 교황, 〈지상의 평화*Pacem in Terris*〉, 1963

요한 23세 교황님은 핵무기로 분열된 세상에 평화를 강하게 촉구했습니다. 평화는 상호 신뢰에 기반해야 하며, 개인, 공동체, 국가의 권리와 의무에 대한 정의로운 관심에서 비롯합니다.

제2차 바티칸 공의회, 〈기쁨과 희망*Gaudium et Spes*〉, 1965

급변하는 세상에서 교회는 복음의 영원한 진리에 기반으로 새로운 해결책을 제시하는 역할을 수행해야 합니다. 인간 존중, 평화, 인간의 선, 정의는 신자들과 선의를 가진 모든 이에게 필수 원리입니다.

바오로 6세 교황, 〈민족들의 발전*Populorum Progressio*〉, 1967

구조적 가난과 소수자의 소외에 대응하기 위해서 인간의 온전한 발전이 필요합니다. 과도한 이윤과 재산은 삶의 유일한 목적이 될 수 없습니다. 기본 인권에 대한 새로운 관심이 필요합니다.

바오로 6세 교황, 〈팔십주년*Octogesima Adveniens*〉, 1971

〈새로운 사태〉 반포 80주년을 맞이하여, 바오로 6세 교황님은 모든 신자에게 이 세상에 대응하라고 격려하였습니다. 신자들은 사회생활에 참여하고, 정치적 차원에서도 개혁을 위해 노력해야 합니다.

바오로 6세 교황, 〈현대의 복음 선교*Evangelii Nuntiandi*〉, 1975

복음 선포, 즉 복음화는 성직자와 수도자들의 과제일 뿐 아니라 모든 그리스도인의 근본적인 과업입니다. 세상에 비치는 표상이 점점 더 중요해지면서, 우리 삶의 표상 역시 중요해졌습니다. 우리가 신앙을 증언하는 삶의 표상은 복음에 부합해야 합니다.

요한 바오로 2세 교황, 〈노동하는 인간*Laborem Exercens*〉, 1981

노동의 존엄성은 인간 존엄성을 뒷받침하는 데 필수적입니다. 노조는 노동자의 권리를 수호하는 데 중요한 역할을 합니다. 인간은 재산보다 우선하며, 노동은 자본보다 더 중요합니다.

요한 바오로 2세 교황, 〈사회적 관심*Sollicitudo Rei Socialis*〉, 1987

가난한 이들과의 진정한 연대를 통해 죄의 구조를 전환해야 합니다. 이러한 회개는 복음을 선포하고 그리스도인의 삶을 증언하면서 촉진될 수 있습니다. 진정한 발전은 온 세상을 포함하고, 인간 전체를 고려해야 합니다.

요한 바오로 2세 교황, 〈백주년*Centesimus Annus*〉, 1991

요한 바오로 2세 교황님은 〈새로운 사태〉 반포 100주년을 맞아서, 인간 자체의 모습과 본질에 대해 올바른 관점을 가져야 한다고 경고했습니다. 인간 존엄성, 인권, 정의와 평화는 공동선을 추구하는 데 본질적입니다.

요한 바오로 2세 교황, 〈생명의 복음*Evangelium Vitae*〉, 1995

모든 생명의 근원이신 하느님께서는 가난한 이와 소외된 이들을 특별히 사랑하십니다. '죽음의 문화'에 대한 대응으로 인간 생명은 무한히 신성한 것이며, 잉태 때부터 자연적 죽음에 이르기까지 보호받아야 한다고 강조하셨습니다.

베네딕토 16세 교황, 〈하느님은 사랑이십니다*Deus Caritas est*〉, 2005

교황님은 소유적 사랑(에로스)과 자기 증여적 사랑(아가페), 친구 사이의 사랑(필리아)을 구분하였습니다. 사랑하라는 하느님의 계명은 교회의 사회 자선 활동으로 구체화되고, 그리스도와의 인격적인 관계 위에 세워져야 합니다.

베네딕토 16세 교황, 〈진리 안의 사랑*Caritas in Veritate*〉, 2009

사회교리는 사랑에서 흘러나와 공동선을 추구하며, 모든 사람을 위한 정의를 세우려고 노력해야 합니다. 정의와 사랑은 밀접한 관련이 있으며, 기업 윤리와 경제 위기에 새로운 빛을 비춥니다.

프란치스코 교황, 〈복음의 기쁨*Evangelii Gaudium*〉, 2013

선교하는 우리 공동체를 통해 세상과 나누어야 하는 복음의 기쁨은 가난하고 궁핍한 이들을 돌보고, 불의와 불평등의 구조를 개선하며, 모든 형태의 그리스도교적 사랑을 실천합니다.

프란치스코 교황, 〈찬미받으소서*Laudato si'*〉, 2015

지구는 우리 모두의 공동의 집이자, 하느님의 창조물입니다. 지구를 보호하고 그 열매는 서로 나누어야 합니다. 복음을 통해 현 위기를 극복할 수 있습니다. 모두를 위한 온전한 인간 발전을 위해서 전 세계의 회개가 필요합니다.

프란치스코 교황, 〈모든 형제들*Fratelli Tutti*〉, 2020

형제애와 사회적 우정은 정의와 평화가 넘치는 더 나은 세상을 향한 길입니다. 전쟁, 폭력, 무관심에 효과적으로 맞서기 위해서는 모든 사람과 기관의 형제적 참여가 필요합니다.

옮긴이의 글

"기쁨과 희망, 슬픔과 고뇌, 현대인들, 특히 가난하고 고통받는 모든 사람의 그것은 바로 그리스도 제자들의 기쁨과 희망이며 슬픔과 고뇌이다."(제2차 바티칸 공의회 사목 헌장 〈기쁨과 희망〉 1항)

제2차 바티칸 공의회 사목 헌장 〈기쁨과 희망〉은 첫 문장에서부터 교회를 '세상을 향한 교회'로 밝힙니다. 교회는 세상과 단절되기를 원하지 않습니다. 오히려 세상 속에서 인류와 함께 호흡하며, 그들의 기쁨과 희망, 슬픔과 고뇌를 함께 나누고자 합니다. 동시에 교회는 세상과 같지 않습니다. 교회는 세상과 같은 문제를 고민하지만, 복음이라는 다른 가치와 방식으로 세상에 빛을 비추며, '더 나은 세상'으로 이루고자 합니다.

교회가 바라보는 '더 나은 세상'은 단순히 정교한 정치 제도의 확립이나 탄탄한 경제 성장을 의미하지 않습니다. 그것은 사랑을 바탕으로 정의와 평화가 실현되는 세상입니다. 특히 고통받는 이들과 맺는 관계는 사회가 진정으로 발전하고 있는지를 보여 주는 중요한 척도입니다. 사회가 가장 약한 이들을 어떻게 대하는지, 그들의 고통에 얼마나 민감한지가 진정한 사회 발전의 표지가 됩니다. 이와 같은 '더 나은 세상'을 향한 교회의 가르침이 곧 사회교리입니다.

사회교리는 사회 복음화를 위한 강력한 도구입니다. 그 이유는 사회교리가 사회 · 경제 · 정치 등 모든 사람이 관심을 두는 현실의 영역을 다루면서, 그 안에 계시의 빛을 비추기 때문입니다. 또 다른 이유는 사회적 가르침이 인간의 양심에 새겨진 자연법에 뿌리를 두고 있기 때문입니다. 다시 말해, 사회교리는 그리스도인이든 아니든, 종교인이든 아니든 누구나 공감하고 받아들일 수 있는 인간 존엄성 · 공동선 · 연대성 등과 같은 보편적 원리 위에 서 있기 때문에, 거기에서 출발하여 모든 사람이 복음의 빛을 쉽게 받아들이게 합니다.

실제로 1970~1980년대 한국 가톨릭 교회는 사회교리를 통해서 가장 힘 있게 복음을 선포했습니다. 독재 정권 아래에서 교회는 인간 존엄성과 인권을 지키기 위해 목소리를 높였고, 많은 사람은 교회 안에서 보편적 진리와 구원의 빛을 발견했습니다. 한국 교회가 가장 풍성하게 복음화의 열매를 맺은 순간은 사회교리와 함께 예언자적 목소리를 높였던 시기였습니다.

특히 사회교리는 오늘날 청년 복음화에 큰 역할을 할 수 있습니다. 흔히 청년들이 세상과 종교에 무관심하다고 생각하지만, 꼭 그렇지만은 않습니다. 그들은 더 나은 세상이 무엇인지, 어떻게 그것을 이뤄 갈 수 있는지 알고 싶어 합니다. 실제로 정치 · 경제적 정의, 평화, 환경 보전, 가난한 이를 위한 우선적 선택과 같은 가치가 청년들에게 큰 울림을 주고, 이 일에 헌신하게 하는 모습을 드물지 않게 발견할 수 있습니다.

미헬 레메리 신부님의《청년이 알아야 할 사회교리 Q&A》는 바로 사회 문제 앞에서 고민하는 이들을 위한 사회교리서입니다. 세계 곳곳의 청년들이 던진 사회 문제에 관한 질문과, 그에 대한 교회의 답변을 이 책에 담았습니다. 신부님은 이 책을 통해 청년들을 복음화하고, 복음화된 그들로 하여금 세상을 변화시키는 원대한 포부를 밝힙니다.

《청년이 알아야 할 사회교리 Q&A》는 이 책을 특별하게 만드는 두 가지 특징이 있습니다. 첫째, 이 책은 독자의 능동적인 참여를 이끕니다.《청년이 알아야 할 사회교리 Q&A》는 독자가 사회교리를 수동적으로 주입하기보다, 사회에 관한 여러 문제에 스스로 답을 찾아갈 수 있도록 인도합니다. 질문에 대한 교회의 가르침을 최대한 간결하게 제시하고, 구체적 자료와 생각할 거리를 제공하여 독자가 직접 고민하고 판단하며 실천적 결단으로 나아가도록 돕습니다.

둘째, 이 책은 종이책이라는 매체에 머무르지 않고, 디지털 매체로 확장합니다. 페이스북, 인스타그램, 엑스, 애플리케이션 등 오늘날 청년들의 일상이 된 디지털 공간에서 더 많은 자료를 찾도록 했으며, 그 안에서 서로 질문을 던지고, 대화를 하며, 답을 찾아가는 모임도 마련했습니다. 미헬 레메리 신부님은 청년들에게 익숙한 삶의 자리로 들어가 그들의 언어와 방식으로 그들과 소통하는 사목을 펼쳤고, 이 책은 그러한 사목의 결실이자 도구라 할 수 있습니다.

교회가 오늘 이 시대의 소명을 충실히 다하기 위해서는 사회교리와, 그것을 기꺼이 받아들이고 삶으로 살아 내는 청년들이 필요합니다.《청년이 알아야 할 사회교리 Q&A》는 청년들이 사회 문제에 대해 복음의 눈으로 바라보는 힘을 길러 주고, 그 결단을 실천할 용기를 줍니다. 이러한 가르침과 실천을 통해 세상은 복음화되고, 마침내 하느님께서 원하시는 '더 나은 세상'으로 변화되어 갈 것입니다. 저의 미약한 노력이 교회의 복음화 여정에 조금이나마 보탬이 되길 바랍니다.

2025년 여름

최정훈 바오로 신부

성인 색인

주제 색인

더 읽어 보기

《하느님과 트윗을》

《하느님과 트윗을》의 내용을 찾아보세요. 여기에서 하느님, 교회, 기도, 일상에 관한 질문의 대답을 볼 수 있습니다. 한 장소에 모인 청년들이 던진 몇 가지 질문으로 시작된 것이, 지금은 모든 연령대의 사람들이 던진 질문에 대한 답을 찾도록 도와줍니다. 빅뱅, 기도, 성경, 성性, 십자군, 죄, 직업 등을 앱과 책에서 만나보세요. 웹사이트 www.tweetingwithgod.com에 방문해도 좋습니다.

《신앙을 키우는 방법》

이 책을 읽고 토론한 다음, 신앙에 대해 궁금한 점을 더 공부하거나, 다른 사람과 함께 활동하고 싶다면, 《신앙을 키우는 방법》을 이용해 보세요. 이 프로그램은 다양한 주제에 대한 흥미로운 그룹 활동과 만남을 제시합니다. 또한 신앙을 탐구하는 독자가 스스로 답을 찾고, 성사를 준비할 수 있게 돕습니다. 웹사이트 www.howtogrowinfaith.com에 방문해 보세요.

《성인들과 온라인》

우리가 생활 속에서 던지는 모든 질문은 성인들의 질문과 다르지 않습니다. 성인들은 여러분처럼 평범한 사람이었지만, 하느님과 이웃과 함께 살아가는 비범한 방식으로 특별하게 드러났습니다. 어릴 적부터 남다르게 거룩한 분도 계시지만, 대부분의 성인은 많은 실수와 죄를 저질렀고, 마지막에 이르러 사랑이 삶에서 가장 중요하며, 이를 삶의 첫자리에 두어야 함을 깨달으셨습니다. 여러분은 이 책과 앱을 통해서 더 많은 성인을 만날 수 있습니다. 하느님께로 가는 여정에서 동료를 찾아보세요. 웹사이트 www.onlinewithsaints.com을 방문해 보세요.

두 개의 무료 앱을
다운로드 하세요!

www.deoquest.com

www.onlinewithsaints.com